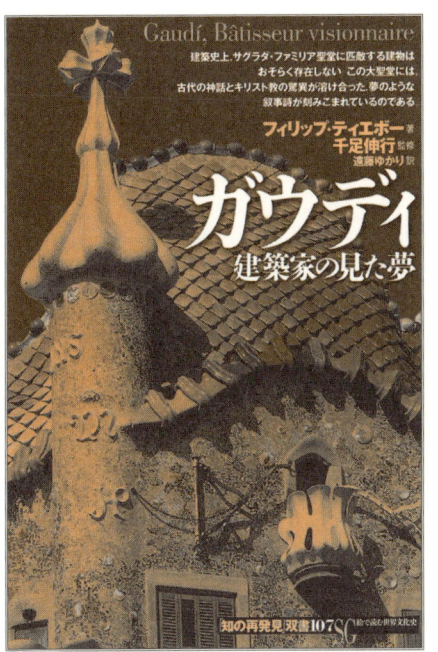

Gaudí, Bâtisseur visionnaire

建築史上、サグラダ・ファミリア聖堂に匹敵する建物は
おそらく存在しない。この大聖堂には、
古代の神話とキリスト教の驚異が溶け合った、夢のような
叙事詩が刻みこまれているのである

フィリップ・ティエボー 著
千足伸行 監修
遠藤ゆかり 訳

ガウディ
建築家の見た夢

知の再発見 双書107 絵で読む世界文化史

Gaudí
Bâtisseur visionnaire
by Philippe Thiébaut
Copyright © Gallimard 2001
Japanese translarion rights
arranged with Edition Gallimard
through Motovun Co.Ltd.

> 本書の日本語翻訳権は
> 株式会社創元社が保持
> する。本書の全部ない
> し一部分をいかなる形
> においても複製、転載
> することを禁止する。

日本語版監修者序文

千足 伸行

「ベルニーニはローマのために生まれ、ローマはベルニーニによってつくられた」というが、17世紀のローマ・バロックは、ベルニーニの建築、広場、噴水、モニュメントなくして語れない。同様にして世紀末のバルセロナも、ガウディなくてしては語れない。都市の"顔"を決定するのはなによりもまず建築であるが、ウィーン、グラスゴー、ブリュッセル、ダルムシュタットなど、ヨーロッパの名だたる世紀末都市は、それぞれオットー・ワグナー、マッキントッシュ、オルタ、オルブリヒのアール・ヌーヴォー建築なくしては語れない。あらためて強調するまでもないが、19世紀後半から世紀末にかけては、産業革命の進展による都市人口の爆発的な増加もあって、ヨーロッパの諸都市がかつてない変革、変貌を見た時代である。たとえばパリやウィーンでは（これも人口の増加による）中世的な城壁が撤去され、都市の規模は急速に拡大した。ナポレオン3世の右腕と言われたセーヌ県知事オスマン男爵によるパリの大規模な再開発、いわゆる"パリの外科手術"、あるいはウィーンの壮麗な環状道路(リングシュトラーセ)はこうした時代背景なくして考えられない。それによりパリ、ウィーンの近代化は一気に加速し、こんにち、我々の知る華やかな首都が出現したのである。

1852年生まれのガウディが1880年代から世紀の転換期にかけて壮年期を、つまり建築家としてもっとも充実した時代を迎えたことは、バルセロナにとって大きな意味を

持っていた。キハーノ邸，通称"奇想館(エル・カプリッチョ)"，増改築されたグエル別邸(フィンカ・グエル)，これとは別のグエル邸(パラシオ・グエル)などはいずれも1880年代に着手ないし完成されたものであり，これらがスプリングボードとなって1890年代以後の彼の代表作へとつながってゆくからである。

　こんにち，エッフェル塔が近代のパリのシンボルマークであるように，ガウディのサグラダ・ファミリア教会は生まれ変わったバルセロナのシンボルマークであるが，絵画や彫刻と異なり建築は，特に大規模建築の場合，それに要する費用，時間，資材，人材，あるいは用地など，個人の才能や意思を超えた，"個人技"では収まりきれない社会的なプロジェクトである。ガウディのきわめて大胆，斬新で独創的な建築を生んだのは，ガウディの才能と努力はいうまでもないとして，しかしそれだけではない。もし彼が別の時代に生まれていたら，あるいはバルセロナでなくマドリードに生まれていたら，われわれの知るガウディはなかっただろう。あるいはエウセビオ・グエルという稀有のパトロンがいなかったら，彼の代表作のいくつかは生まれなかっただろう。「ガウディはバルセロナのために生まれ，バルセロナはガウディによってつくられた」としても，時代もまたガウディに味方したのである。

　ガウディが内陸部のマドリードではなく，地中海沿岸のバルセロナに生まれたことは，芸術家と風土の問題を考えるうえでも興味深いものがある。ガウディ同様に誇り

高いカタルーニャ人であったダリがガウディを「地中海的ゴシックの父」とたたえ，彼の「アール・ヌーヴォー建築の恐ろしくも可食的な美」について語っているのは偶然ではない（⇒p.110以下）。ダリがそうであったようにガウディもまた熱烈な地中海主義者であった。つまり，ドイツその他の北方ヨーロッパ人に対する地中海人の造形的な優越性を信じていたが，それ以上にガウディはカタルーニャ主義者であった。カスティリャ地方のマドリードは地理的にもスペインの中心であり，古くからの首都でもあるが，そのマドリードのライバルとして急速に頭角をあらわしてきたのがバルセロナだった。19世紀後半のその急成長ぶりは目を見張るものがあるが（⇒p.18以下），1888年のバルセロナ万国博覧会は新生バルセロナを内外に印象づけるイベントであり，のみならずそれはモデルニスモ，つまりスペインにおけるアール・ヌーヴォーの幕開けを告げるものであった。しかもモデルニスモ（直訳すれば近代主義）はバルセロナ特有のものだった。保守的なマドリードにもモデルニスモ建築がなかったわけではないが，結局は黙殺された。カタルーニャ地方独特の言語，歴史，文化，メンタリティーは，当時の目ざましい経済復興とあいまってカタルーニャ地方ならではのレナシェンサ（ルネサンス）運動を生んだ。若いころのピカソが足しげく通ったカフェ「4匹の猫」もそのシンボルマークのひとつだったが，「4匹の猫」から生まれた芸術

がそうであったように，バルセロナの前衛芸術はスペイン的なナショナリズム（より正確にはカタルーニャ主義）とインターナショナリズムの融合だった。ガウディに代表されるモデルニスモ建築はスペイン固有のムデーハル様式（⇒p.32以下）とゴシック建築（⇒p.45以下）も回顧しつつ，フランスのヴィオレ＝ル＝デュクの建築理論や，グエル公園にみられるように，イギリスのガーデン・シティー（田園都市）構想などにも多くを負っているのである。

　カサ・バトリョ，カサ・ミラといった世俗建築の傑作に加え，ガウディの未完の代表作がサグラダ・ファミリア教会という宗教建築であることは，たんに彼をアール・ヌーヴォー建築の巨匠のひとりに終わらせない何かを感じさせる。ガウディの生涯は"建築への祈り"に終始したとも言えるが，彼がその後半生をこの巨大な"祈りの建築"に捧げたことは，この教会を文字どおりすみかとし，その資金調達のため托鉢僧のように戸別訪問までしたという彼の晩年の姿と重ね合わせて，ガウディの生きた時代が唯物主義，功利主義，無神論だけの時代ではないことを，「神は死んではいない」ことを強烈にアピールしているように思えるからである。

サグラダ・ファミリア教会の部分
「偉大なる書物,つねに参照し,努力を傾けて読むべき書物,それは自然という名の書物である」(ガウディ)

グエル公園のガーゴイル
（水の吐き出し口）

カサ・ミラの煙突

ベリェスグアルドのステンドグラス
「自然がわれわれに見せてくれるもので，色がついていないものはひとつもない。植物も地質も地形も動物も，みな多かれ少なかれ色彩によって生命をあたえられ，引き立てられている。だからすべての建築物には，色をつけなければならない」（ガウディ）

CONTENTS

第1章 カタルーニャ地方の主都，バルセロナ ……………………… 15

第2章 イスラム建築の影響とカタルーニャ主義 ………………… 29

第3章 ゴシック様式とフランス合理主義 ………………………… 45

第4章 生き物のような建築 ………………………………………… 63

第5章 サグラダ・ファミリア教会 ………………………………… 83

資料篇
——ガウディがのこしたもの——

① ガウディの作品マップ ……………………………………………… 102
② さまざまな解釈 ……………………………………………………… 104
③ シュールレアリストたちの賛辞 …………………………………… 110
④ 写真家クロヴィス・プレヴォーが見たガウディ ………………… 118
⑤ 熱烈な鑑定家，ペドロ・ウアルト ………………………………… 125
ガウディ略年譜 ………………………………………………………… 134
INDEX …………………………………………………………………… 136
出典 ……………………………………………………………………… 138
参考文献 ………………………………………………………………… 141

ガウディ──建築家の見た夢

フィリップ・ティエボー◆著
千足伸行◆監修

「知の再発見」双書107

創元社

❖スペインの天才建築家アントニオ・ガウディ・コルネットは，スペインのカタルーニャ地方のタラゴーナの町レウスで，1852年6月25日に生まれた。彼の建築家としての生涯は，カタルーニャ地方の中心都市バルセロナと深く結びついている。1883年から，路面電車にはねられて死去する1926年まで，ガウディはほとんどすべての作品をバルセロナで制作した。彼の作品には，個人の邸宅，学校，集合住宅，公園，大聖堂などさまざまなものがある。しかしそのなかでも，サグラダ・ファミリア教会（聖家族教会）こそは，彼が40年以上にわたって手がけた未完の代表作といえるだろう。この大聖堂の建設は，彼のあとを引きついだ建築家たちによって，いまもなお続けられている。

第 1 章

カタルーニャ地方の主都, バルセロナ

⇨1878年ごろのガウディ——このころ彼は建築学校を卒業し，バルセロナの都市装飾に関する仕事をはじめた。

（左頁）ホセ・ビラセカ作の凱旋門——1888年にバルセロナで行なわれた，万国博覧会の会場入口として使われた。

ガウディが建築家としてのキャリアをスタートさせたのは、カタルーニャの経済が黄金期をむかえた1870年代末から1880年代にかけてのことだった。工業社会への道をひた走る、このカタルーニャの経済的繁栄は、1888年に開かれたバルセロナの万国博覧会で頂点に達することになる。

　もっとも、急激な社会の変化にともない、バルセロナではさまざまな問題が噴出し始めていた。1882年には株価が暴落して社会情勢が悪化したため、長期にわたってゼネストが続き、1902年には政府によって激しい抑圧政策がとられていた。またアナーキストたちによる活動もさかんで、1893年10月7日には、彼らが仕掛けた爆弾によって20人が死亡するという事件が起こった。さらに1904年と1905年には政府高官や枢機卿もテロの犠牲者となった。しかし、それにもかかわらず、当時のバルセロナ

↓1888年のバルセロナ港——バルセロナ万国博覧会は、1888年の5月20日に開会した。その日、バルセロナ港に停泊していたさまざまな国の船が432発の祝砲を撃ったという。バルセロナの港は、非常な活気に満ちあふれていた。

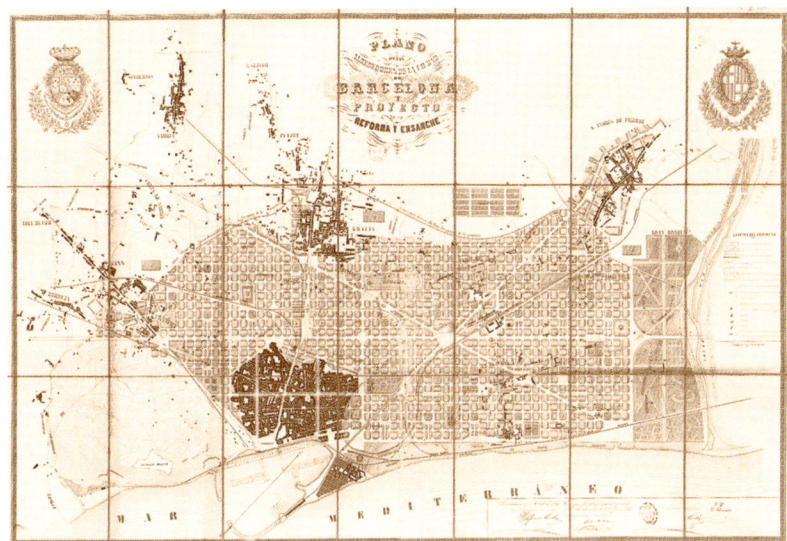

↑都市計画家イルデフォンソ・セルダによるバルセロナ拡張計画（左下の黒い部分が旧市街）
——1851年、バルセロナ市はスペイン政府に対して、町の城壁を撤去する許可を求めた。8年後、バルセロナの都市拡張計画を都市計画家のセルダに命じる王令が出された。
しかし、バルセロナの人びとは自治権を主張してスペイン政府に激しい抗議運動を行ない、都市拡張計画のコンペが開催されることになった。コンペの優勝者はバルセロナ市在住の建築家だったが、1860年に最終決定が出されたとき、結局はセルダの案が採用された。

は、政治的にも経済的にも文化的にも、かつてないほどの活気に満ちあふれていたのである。

この繁栄の主役となっていたのが資本家たちだった。彼らはアメリカ大陸との植民地貿易（スペインは1893年にアメリカの植民地を失うことになる）によって莫大な財産を手に入れ、さらには農業改革を行ない、工業への積極的な投資などによって巨大な富を得ていた。

バルセロナには、古くから地中海貿易で栄えたスペイン屈指の港があっただけではなく、生産性の高い製鉄所がいくつも存在した。1873年にスペインではじめて発電所がつくられたのも、1848年にスペイン初の鉄道が開通したのもバルセロナだった（鉄道は北東30キロメートルに位置する工業都市マタローとのあいだに敷設された）。バルセロナは文字どおり、スペイン最大の工業都市だったのである。

拡大する都市

　このような繁栄を謳歌するバルセロナでは，当然のことながら人口も急増を続けていた。1878年には35万人だった人口が，1897年には51万人になり，1910年には59万人にまで増えている。しかし，いくら人口が増えても，バルセロナはその人口を簡単に吸収していった。1854年に城壁がとりこわされてから，バルセロナの町は飛躍的に拡大していたからである（⇒p.17図版）。

　新しい町を設計したのは，都市計画家のイルデフォンソ・セルダ（1816〜1875年）だった。旧市街の北に位置するカタルーニャ広場から，はるか北に位置するグラシア村まで，碁盤の目のように整然と区画整理された地域がつくられることになった。かつての城壁の外に広がったこの区域は，文字どおりエシャンプラ（拡張地区）と呼ばれている。この区域は非常に広大だったため，1870年代末になってもまだ閑散としていた。しかし1880年代になると万国博覧会に刺激されて，しだいに開発が進められるようになっていった。

当時のバルセロナの様子は、1986年に出版されたエドゥアルド・メンドサの小説『奇跡の都市』にいきいきと描かれている。農村出身の少年オノフレは、万国博覧会の準備が進むバルセロナに、仕事を探すため故郷から出てくる。はじめは反体制派のパンフレットを配り歩いていたオノフレだったが、熱気にあふれるバルセロナの発展とともにのしあがり、ついには大実業家として成功を収めるのである。

カタルーニャのアイデンティティー

人口が急増し、経済活動がさかんになったバルセロナでは、新しい文化も開花した。当時バルセロナを中心とするカタルーニャ地方は、中央集権化を強めるスペイン政府から圧迫されていた。首都マドリードを中心に話されているカスティリャ語(ス

(左頁)建設中のグラシア通り——グラシア通りは、広大なエシャンプラ(拡張地区)を貫通する大通りのひとつである。1859年に、セルダはこの通りの幅を約20メートルにすることを提案した。その後の数十年間、エシャンプラの中心街には多額の投資が行なわれた。その結果、商店、レストラン、劇場などが次々と建設され、人びとが大勢押し寄せた。その様子は、カタルーニャの小説家オリェルが『金銭狂』(1890〜1892年)のなかで、見事に描き出している。

⇐建設中の産業館——1888年のバルセロナ万国博覧会で使われた建築資材について、当時の新聞記事は次のように伝えている。
「あらゆるレンガ工場で、ほとんどすべての製品が品薄になっている。セメントも同様で、国内国外からの供給が、まったく追いつかなくなっている。巨大な産業館だけでも、1日に8万キログラムの資材が使われているのだ」

⇐ホセ・ビラセカ作の凱旋門——1888年のバルセロナ万国博覧会の会場入口として使われたこの凱旋門は、建築家ビラセカの絶頂期にあたる作品である。

ビラセカは1880年代にバルセロナで活躍した建築家で、19世紀末の20年間、多くのすばらしい仕事を残している。バルセロナ建築学校の教授でもあった彼は、学生たちの知識を広げるために力を注いだ。ビラセカは、建築における装飾芸術の役割を強く意識していた建築家でもあった。

1883年から1885年にかけて、彼はある傘屋の正面の建築を手がけているが、それはバルセロナで唯一、日本美術の影響を受けた建築作品となった。また1884年には、高級家具師ビダルの仕事場をつくっているが、ネオ・ゴシック様式によるこの建物は、バルセロナの新しい装飾芸術を象徴するものだった。このビダルの工房に、のちにガウディはグエル邸のための家具の制作を依頼している。

ペイン語）が国の言語とされ、独自の文化と独自の言語（カタルーニャ語）を持つカタルーニャ地方は、弾圧の標的とされていたのである。その文化と言語を復興し、カタルーニャのアイデンティティーをとりもどそうという運動が、「レナシェンサ」と呼ばれるカタルーニャ・ルネサンス（文芸復興運動）だった。

レナシェンサが起こったのは19世紀前半のことだったが、バルセロナの繁栄とともに、それが大きく発展したのは19世紀末のことだった。1881年に、レナシェンサの活動をリードした『前進』という名前の雑誌が創刊されている。本来は芸術関係の専門誌だったこの雑誌が、さまざまな分野で指導的な立場にある

第1章 カタルーニャ地方の首都，バルセロナ

↑ドメネク・イ・モンタネール作のカフェ・レストラン──政治家でもある建築家のドメネク・イ・モンタネールは，バルセロナの都市景観に鮮烈な痕跡を残した。彼の作品には，現在は動物博物館として使われているこのカフェ・レストランのほかに，サン・パウ病院やカタルーニャ音楽堂などがある。

人びとの目をカタルーニャ文化に向けさせたのである。そしてレナシェンサはやがて，美術や建築の分野で「モデルニスモ」と呼ばれる，カタルーニャ独自の新しい様式の誕生につながっていった。

カタルーニャのモデルニスモ

モデルニスモ建築は，1888年に開かれたバルセロナ万国博覧会でその姿をあらわした。万国博覧会で建設された建物の多くはとりこわされてしまったが，有名なふたつの建物がいまも残

されている。会場の入口として使われた凱旋門（ホセ・ビラセカ作：⇒p.14,20）と，現在は動物博物館として使われている当時のカフェ・レストラン（ドメネク・イ・モンタネール作：⇒p.21）である。

ビラセカの凱旋門は，古典的な凱旋門のデザインを無視してつくられた作品といえる。一方，モンタネールのカフェ・レストランは中世の城館をイメージした作品だが，建物正面の構造に鉄が使われるなど，工業社会の象徴ともいえる新しい技法がとりいれられている。だが，ビラセカの凱旋門もモンタネールのカフェ・レストランも，ほとんどの部分は赤レンガでつくられていた。赤レンガは値段が安かったため，1860年代末からさまざまな建築物に使われていたのである。

このふたつの建物を見ると，レンガの継ぎ目にセメントが使われていないように見える。これはレンガの形が規格化されてサイズが一定になり，積みあげやすくなっていたことも影響していた。その結果，レンガとレンガの接合部分が非常に小さくなり，壁面にほとんど継ぎ目がないように見えたのである。このように当時のカタルーニャでは，建築に関する新しい技術と情報が飛び交い，それが実際の建物として結実していたのである。

フォントセレーの協力者ガウディ

ガウディは，1888年のバルセロナ万国博覧会に直接かかわる

↓キオスク・公衆トイレ計画——ガウディは当初，街路に関するさまざまな設計図を作成した。これはそのなかのひとつで，商人のエンリケ・ジロッシから依頼されたもの。ジロッシはバルセロナ市に対して，このトイレや花屋を併設したキオスクを市内に約15カ所設置することを願い出た。しかし市の許可をとることができなかったため，この計画は実現しなかった。

（右頁）ガウディがデザインしたレアール広場の街灯。このほかにも，彼は非常に現代的な街灯をいくつも設計している。

ことはなかった。しかし同じ時期，彼はすでにバルセロナで建築家としてのデビューをはたしている。1877年にデザインしたカタルーニャ広場の大噴水は実現しなかったが，翌1878年には石と青銅からなる見事な街灯を設計し，1879年9月にはレアール広場とパラウ広場で除幕式が行なわれている。

当時のバルセロナでは，モデルニスモ様式による街灯が非常にもてはやされていた。たとえば建築家のペレ・ファルケスは，1888年と1906年に，力強い金属構造を特徴とする非常に斬新な街灯をつくっている。ビラセカの凱旋門が見渡せる場所に建てられた1888年制作の街灯のほうは，作動中のクレーンのように広がるアームが目を引く傑作といえる。一方，グラシア通りに設置された1906年制作の街灯には，形のうえでも技術面でもガウディの影響が見られる。たとえば台座は石ではなく，破砕タイル(陶製タイルを砕いたもの)でおおわれたなだらかな形のものが使われていた。

ガウディが街灯を制作したのは，シウダデーラ公園の設計者であるホセ・フォントセレーの

もとで働きはじめたころのことだった。シウダデーラ公園は，古い要塞をとりこわした場所に計画されたもので，1888年の万国博覧会に向けて整備が進められていたのである。ガウディがフォントセレーの助手として働いたのは1877年から1882年までのことだが，シウダデーラ公園の門や，入口を飾る鉄兜（てつかぶと）の装飾，街灯の設計などには，あきらかにガウディの影響が認められる。

学校教育

ガウディは1878年3月15日に建築家の資格を取得しているが，すでにその1年前からフォントセレーのもとで働いていたようである。ガウディがその最初期に，どのようにして建築を学んだかについては，あまりよくわかっていない。彼は中等教育を生まれ故郷のレウスで受け，建築の勉強をするため1869年にバルセロナへ出た。しかし彼がバルセロナ建築学校に入学したのは，それから4年もたった1873年のことなのである。

建築学校時代のガウディについては，その後の彼の生涯と同じく，弟子たちの証言が重要な手がかりとなる。マルチネル，ベルゴス，ボアダといったガウディの弟子たちが，彼の言葉を本にまとめているからである。

ベルゴスによると，学生時代のガウディは学校の厳しい規則になじめず，設計図を書くのも苦手だったという。その例として，ベルゴスは墓地の門の設計に関する試験をあげている。墓地の門を設計するためにはまわりの雰囲気を表現することも必要だと考えたガウディは，設計図のなかに，墓地に向かう道や，霊柩車や悲嘆に暮れた人びと，死の象徴である糸杉の木立や，灰色の雲が垂れこめる空などを書き加えていた。それを見た教授はガウディのやり方をまちがいだときめつけたが，修正する気のなかったガウディは，そのまま教室を出てしまったのだという。

一方，力学の試験に関する印象的なエピソードも残されてい

シウダデーラ公園
1869年，18世紀初頭につくられた要塞が再開発されることになった。バルセロナ市は，約60ヘクタールあったその土地を，公園にしようと考えた。1871年に設計案の国際コンペが開かれて，ホセ・フォントセレーが入賞した。しかし彼の案は，1888年にバルセロナで万国博覧会が開かれることが決まると，大幅に修正された。

↑シウダデーラ公園の噴水——シウダデーラ公園のなかに，フォントセレーは巨大な噴水をつくった。1881年に完成したこの噴水は，きわめて伝統的な手法でつくられたが，演出には鋭敏な感覚が見られる。フォントセレーは，シウダデーラ公園のほかに，ボルン広場の設計者としても有名である。シウダデーラ公園の近くにあるこの広場は，1874年から1876年にかけて建設された。

る。そのころガウディはフォントセレーの助手として，シウダデーラ公園の噴水の設計にたずさわっていた。見事な計算によって，彼は貯水タンクに関するある厄介な問題を解決した。たまたま，力学の教授でフォントセレーの友人であるホセ・トーラスが，そのガウディの設計図を見た。感心したトーラスは，ガウディがまったく授業に出席していなかったのに，力学の試験で及第点をあたえたという。

　学生のときからこうした有名建築家たちのもとで働いていたガウディは，非常に早い時期から実践的な技術を身につけ，さまざまな知識を手にしていったようである。フォントセレーの助手になる前にも，ガウディはバルセロナの建築家ビリャールのもとで2年間働いている。ビリャールはエリアス・ロジェントが校長を務めるバルセロナ建築学校で授業も行なっていた建築

家だった。

　フランスの合理主義に傾倒していたロジェントは、当時ヨーロッパの建築家たちに大きな影響をあたえていたフランスの建築家ヴィオレ゠ル゠デュク（1814〜1879年）が書いた『11〜16世紀のフランス建築辞典』を学生たちに読ませ、授業でヴィオレ゠ル゠デュクの理論を教えていた。ロジェントによると、ヴィオレ゠ル゠デュクは、過去の建築様式を研究することは回顧趣味ではないと主張していた。その時代にふさわしい建築様式がどのようにして生みだされたかを探究することは、過去の伝統の重圧から解放されるためのもっとも確実な方法だというのである。ガウディの弟子たちは、学生時代のガウディがフランス合理主義の影響を非常に強く受けていたと証言しているが、それはおそらくロジェントの影響だったのだろう。

　しかしガウディはフランス南部に旅行したとき、ヴィオレ゠ル゠デュクが修復したトゥールーズのサン゠セルナン大聖堂には失望したらしい。彼は、「帰ろう。ここにあるものは、われわ

↑サグラダ・ファミリア教会の地下礼拝堂の建設現場（1883年）——ガウディがサグラダ・ファミリア教会の建築責任者となったとき、すでに地下礼拝堂の柱は柱頭まで建てられていた。しかし採光のことを考えたガウディは、この柱を当初の計画よりも高くした。

（左頁上）バルセロナ大聖堂の正面案——1882年に行なわれたコンペのためにマルトレールが設計した。ガウディが図面を描いた。

（左頁下）フランスの建築家ヴィオレ゠ル゠デュクが修復したサン゠セルナン大聖堂の後陣。

れになにも教えてはくれない。われわれは中世について研究し、もっとよい知識を身につける必要がある！」と言ったという。とはいえ、ガウディはヴィオレ゠ル゠デュクの著書を愛読し、その後もずっと彼の影響を受けつづけることになる。

1882年、ガウディはバルセロナ大聖堂の設計コンペに参加した（⇒左頁上）。モデルニスモ建築家のホアン・マルトレールのもとで、大聖堂入口の設計図を描いたのである。しかし結局ガウディは落選し、採用されたのは中世の建物を忠実に再現した設計案だった。

翌年、マルトレールはエシャンプラ（拡張地区）のはずれに建設中のサグラダ・ファミリア教会（聖家族教会）を手がけてほしいという要請を受けた。しかし彼は辞退し、当時31歳だったガウディを推薦した。そしてガウディはこの申し出を受け入れ、生涯その仕事にかかわることになったのである。

❖19世紀末の建築家はみな，過去の建築様式にとらわれない新たな様式を模索していた。しかし，当時支配的だった歴史主義には，誰もが一度はとらえられた。天才と言われたガウディでさえも，その例外ではなかったのである。なかでも彼は，多彩色建築とアラビア建築に興味を持っていた。

第 2 章

イスラム建築の影響とカタルーニャ主義

〔左頁〕グエル別邸（フィンカ・グエル）の門番小屋

⇨カサ・ビセンスの正面外装（部分）
「装飾にはこれまで色がついていたし，これからも色をつけなければならない。自然がわれわれに見せてくれるもので，色がついていないものはひとつもない。植物も地質も地形も動物も，みな多かれ少なかれ色彩によって生命をあたえられ，引き立てられている。だからすべての建築物には，色をつけなければならない」
　　アントニオ・ガウディ
　　　　　　（1878年）

↑1878年に開かれたパリ万国博覧会におけるスペイン館──「不思議なことに、スペイン人は長いあいだ自分たちを服従させてきたアラビア人の建築によって、自分たちを表現しようとした。（略）それはグラナダにあるアルハンブラ宮殿（代表的なイスラム建築）を小さくしたもののようにも見える。しかし、あざやかな金箔、青、赤、緑の色調の豪華な雰囲気、そして巧みにつくられたアラベスク模様は、アルハンブラ宮殿よりもはるかにモダンなものである」『1878年の博覧会の名所、入場者ガイド』

　学生時代のガウディは、バルセロナ建築学校の図書館に通いつめていたという。おそらくこの図書館で彼は、建築の歴史についての深い知識を身につけたのだろう。弟子たちの証言によると、ガウディは写真の技術が登場したことにとても感謝していたという。というのもさまざまな建築を本で研究する場合、それまでの版画にくらべて、はるかに正確な姿を目にすることができるようになったからである。

　過去の建築様式や装飾について研究するとき、どんな国でも、そのもっとも栄光に満ちあふれていた時代を対象とするのが普通である。スペインの場合、それはムデーハル様式だった。ムデーハル様式とは、12世紀から16世紀のあいだ、キリスト教徒がイベリア半島からイスラム勢力を追い払うために行なったレコンキスタ（国土回復運動）の時代に、イスラム美術から影響を受けて成立したキリスト教美術のことである。このムデーハル様式は、キリスト教美術とイスラム美術が見事に融合した、スペイン独自の美術様式として高く評価されていた。そのため、

歴史的な根拠を持たないさまざまな折衷様式とは、一線を画して考えられていたのである。

1859年には早くも、スペインの歴史家アマドル・デ・ロス・リオスが、マドリードの王立サン・フェルナンド美術アカデミーで、「建築におけるムデーハル様式」についての演説を行なっている。その内容は雑誌に掲載され、非常に大きな反響を呼んだ。アカデミーで全員から支持されたリオスの結論は、ムデーハル様式がなければスペイン美術はここまで発展しなかったというものだった。

スペイン美術の源泉ともいえるムデーハル様式は、19世紀後半にあいついで各国で開かれた万国博覧会のときに、国境を越えて絶賛されている。事実1873年のウィーン万国博覧会、1878年と1889年のパリ万国博覧会では、スペイン館はいずれもネオ・ムデーハル様式で建てられているのである。

↓カフェ・トリノ――ヨーロッパのあらゆる主要都市と同じく、バルセロナでも、流行の建築様式に魅せられたブティックやカフェ、レストランなどのオーナーたちが、個性的な建物を数多く建築した。

1902年に改装されたこのカフェ・トリノも、そうした建築物のひとつである。改装にあたっては、カタルーニャの建築家や彫刻家が多数集められ、モザイクや照明器具はイタリアのヴェネツィアから輸入された。ガウディもこのカフェのアラビア風サロンの壁をデザインしている。

ムデーハル様式をとりいれたガウディ

そのころガウディは、ほぼ同時に3つの作品をつくっている。タイル工場経営者マヌエル・ビセンスの別荘であるカサ・ビセンス（1883～1888年）、実業家エウセビオ・グエルの別宅であるグエル別邸（フィンカ・グエル）（1884～1887年）、資産家マキシモ・ディアス・デ・キハーノのためにスペイン北部のコミーリャスに建てたエル・カプリッチョ（奇想館：1883～1885年）である。異国情緒あふれたこれらの建物は、実際にはさまざまな様式がとりいれられているにもかかわらず、一般的にはムデーハル様式でつくられたものとされている。

しかしこれらの建物は、はたしてイスラム美術の影響のもとに制作されたものなのだろうか。たしかに一見したところ、いずれの建物にもイスラムのモスクに見られるミナレット（高塔）のような塔があり、強い印象をあたえている。またガウディは学生時代、エジプトのモスクについて書かれた本

↑エル・カプリッチョ
——アントニオ・ロペス（1817～1884年）は、スペイン北部の沿岸地方の小村コミーリャス出身の実業家で、のちに初代のコミーリャス侯爵となった人物である。彼は生まれ故郷のコミーリャスを上流階層の避暑地にしようと考え、その計画は見事に成功した。1881年の夏には、彼がコミーリャスに建設した邸宅に王家の人びとが滞在している。

ガウディの恩師マルトレールは、このコミーリャスの侯爵館や付属教会を手がけている。一方、ガウディが設計したこのエル・カプリッチョは、資産家マキシモ・ディアス・デ・キハーノの別荘として、侯爵家の敷地内に建設されたものである。

や写真集を建築学校の図書館で読んでおり、モスクやミナレットについては知識を持っていた。

 しかし実際の建物をよく見てみると、そこにあるさまざまな塔は、決してイスラム建築を再現するためのものではない。それらは「全体として」イスラム風に見えるだけなのである。ガウディには、イスラム建築のコピーをつくろうとする意図はまったくなかったのである。

 彼は建物の各部を制作するにあたって、さまざまな建築様式をとりいれている。そしてそれらを自分なりのアイデアで組み合わせ、独自の折衷様式をつくりあげたといえる。そこにはさまざまな要素をひとつの様式に統一しようという配慮は、まったくと言っていいほど存在しない。そのため、全体としては調和がとれていないが、各部分は非常な個性を放つ見事な作品となっているのである。

 新しい素材や印象的な彩色も、これらの建物の大きな特徴といえるだろう。たとえばカサ・ビセンス（左頁下）の外観は、まるで建物がチェックとストライプの柄の服を着ているように見える。この建物の外壁はレンガとタイルでできているのだが、タイルのほうには無地と花模様の2種類があって、それらが色

（左頁下）カサ・ビセンス（上はそのバルコニー）——ガウディがカサ・ビセンスで表現した色彩感覚は、歴史主義とも折衷主義とも、完全に決別したものだった。それは19世紀のヨーロッパ社会が東洋に対していだいていたイマジネーションに、形をあたえたものだといえるかもしれない。物語や旅行記によって東洋を理解していたヨーロッパの人びとは、東洋の建築物に非常に豪華で幻想的なイメージを持っていたのである。

 グエル別邸と同じくカサ・ビセンスも、人びとを非日常的な世界にいざなうことを目的に設計された建物である。

彩にあふれた絶妙のハーモニーを生みだしているのである。しかもその組み合わせ方は、フロアによって違っている。1階と2階の外壁は水平の模様が、3階から屋上までは力強い垂直の模様が基調となっているのである。

エル・カプリッチョ（⇒p.32上）の外観は、カサ・ビセンスとくらべれば、やや単純といえるかもしれない。全体的に水平の模様を基調として、レンガとタイルが組み合わされているからである。しかし、やはり色彩は非常に豊かで、強烈な印象をあたえる点では変わりがない。

外観の統一性がまったくないのは、グエル別邸の門番小屋（⇒p.28）と厩舎である。このふたつの建物は、基礎には石を使っているが、外壁の仕上げはベージュ色をしたうろこ状のテラコッタと赤レンガを組み合わせたもので、しかも赤レンガで縁取られた開口部には、錬鉄（鉄鉱石をとかしてつくられた軟鉄）の格子や木製のよろい戸がはめこまれている。さらに、建物の上には色あざやかなタイルが張られたドームと頂塔がのっている。このタイルのなかには、のちにガウディの建築において大きな発展をとげることになる破砕タイル（陶製タイルを砕いた素材）も、すでにもちいられている。

統一性がないのは、建築材料や色彩だけではなく、建物の形も同じだった。たとえばグエル別邸の門番小屋は、母屋は八角形をしており、その上に半球形のドームがのり、さらにその上に小さ

↓グエル別邸（フィンカ・グエル）——1860年ごろ、保護貿易主義者として知られていた実業家ホアン・グエル（1800～1872年）は、広大な農地を手に入れ、建築家マルトレールに敷地内にあった農家を改築させた。

ホアン・グエルの死後、息子のエウセビオ・グエル（1846～1918年：彼の妻は初代コミーリャス侯爵となったアントニオ・ロペスの娘）は、その敷地に別荘を建築するようガウディに依頼した。それがグエル別邸である。

な頂塔が置かれている。また母屋からは，長方形の建物がふたつ張り出している。

しかしガウディは，もちろんそれなりの意図を持って，こうした統一性のない建築を制作したのだった。独特の建物をつくりたいと強く願っていたガウディは，実は非常に「合理的な方法」でそれを実現しようとしていたのである。ひとつ例をあげるとすれば，独特の色づかいも，外壁の装飾をより引き立たせるためのものだった。こうしたガウディの姿勢は，イスラム建築の模倣というよりも，あきらかにヴィオレ゠ル゠デュクなどが主張した「積極的な合理主義」を実践したものだったといえるだろう。

⇧1916年ごろのガウディ——グエル別邸では、邸宅や庭園の大規模な改修工事が行なわれると同時に，正門や塀，門番小屋，厩舎などが新しくつくられた。それらの建築はすべて，1883年にグエルから依頼されたガウディがつくったものである。

はっきりとあらわれ始めた個性

建築様式や装飾に関して，ガウディは見事な個性を発揮した。そのひとつに，グエル別邸の厩舎の内部に見られるパラボラ・アーチ（放物線アーチ）がある。また，隣りあう壁が直角に建てられることを嫌ったガウ

ディは，グエル別邸の門番小屋の外壁の角を，すべて切りこんでいる。これは強烈な色づかいと同じく，建物に非現実的な要素をつけ加えるための工夫だった。

　また，グエル別邸の正門を飾る鉄細工は，のちにガウディがサグラダ・ファミリア教会で行なう見事な装飾に先行して表現された代表作のひとつといえるだろう。その門には，口を大きくあけ，つめを立てた大きな竜が装飾としてつけられている（⇒p.38・39）。素材としては，伝統的な素材である錬鉄と，新しい素材である形鋼（一定の断面を持った鋼材）が使われていた。門の本体にはＴ形鋼とＬ形鋼が組み合わされ，竜の胴体には鉄の棒を中心としてさまざまな太さのばねが巻きつけられている。竜の脚は，打ち出し細工がほどこされたうろこ状の鉄板でおおわれ，その左脚は，門が開くたびに関節の部分が動くようになっている。

　この門を支えるレンガ造りの柱の上には，オレンジの木をかたどった装飾がほどこされた。そのため，この門には象徴的な

↑グエル別邸の厩舎──ガウディはグエル別邸の厩舎の内部に斬新なパラボラ・アーチ（放物線アーチ）を採用している。しかし，この厩舎は基本的にはカタルーニャのゴシック建築の伝統にもとづいて設計されていた。

　というのは，ガウディは中世に建てられたポブレー修道院（スペイン北東部）が非常に好きだったが，その細長い広間をアーチで区切った共同寝室が，このグエル別邸の厩舎とそっくりなのである。

（右頁上）グエル別邸の門番小屋の欄干

第2章　イスラム建築の影響とカタルーニャ主義

意味があると考えた研究者たちもいる。彼らは1877年の文学コンクールで優勝した詩人（司祭でもあった）ベルダゲールの『アトランティス』という叙事詩を，その根拠としている。ギリシア神話に登場する伝説の島アトランティスについて語られたこの詩には，鎖でつながれた竜とオレンジの木が登場するからである。ベルダゲールは，グエル別邸の建築主であるエウセビオ・グエルの親しい友人で，この詩はグエルのために書かれたものだった。

特別な建築主

　グエル別邸の仕事は，規模としては小さなものだった。しかしガウディが思う存分腕をふるえたこの建物は，彼の代表作のひとつとなった。それは，建築主のエウセビオ・グエル（1846～1918年）が，ガウディの奇抜なアイデアに，いっさい文句をつけなかったからである。

金属職人としてのガウディ

「私には，空間を感じとる資質がある。なぜなら，私の父も，祖父も，曾祖父も，銅板機具職人だからだ。（略）銅板機具職人は，平面から立体をつくりだす人間であるから，仕事にとりかかる前に，空間をイメージする必要がある。ルネサンス期にイタリアのフィレンツェで活躍した偉大な芸術家たちも，みな彫金師だった。彫金師もまた，平面から空間をつくりだす人間なのである」

☆　　☆

　ガウディは鉄細工を，見事な立体の芸術へと変貌させた。それもおそらくは彼が，銅板機具職人の家に生まれたことと関係があるのだろう。シュロの葉をかたどったカサ・ビセンスの鉄柵のデザイン（⇒p.39下）も，グエル別邸やカサ・ビセンスを飾る竜のデザイン（⇒p.38・39上）も，驚くほどの技術に裏づけられている。

　鉄細工に関しては，こんなエピソードも残されている。あるとき不器用な職人にいらだったガウディは，職人の手からハンマーを奪い，「鉄床の上で，赤く焼けた鉄をすさまじい勢いでたたきながら，怒りもあらわに，見事な形をつくりあげていった」という。

037

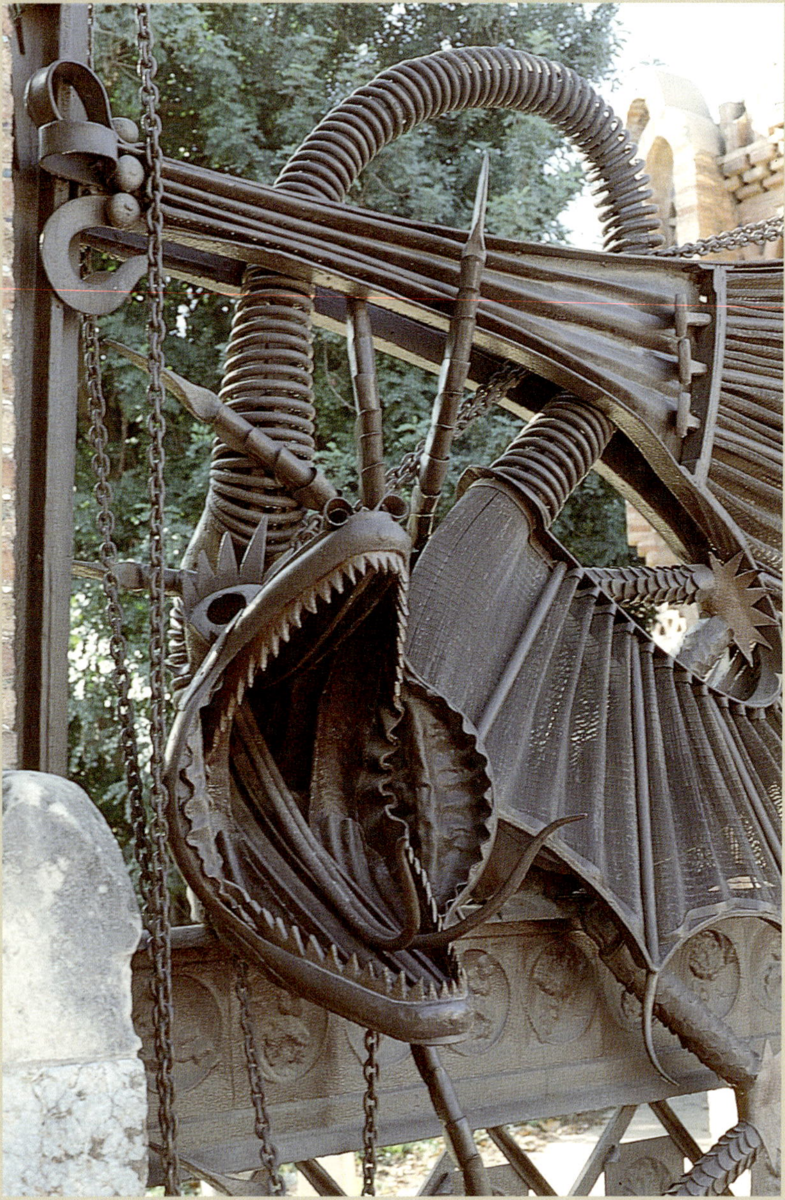

第 2 章　イスラム建築の影響とカタルーニャ主義

ガウディはグエルのことを、「彼は貴人である。フィレンツェの名門メディチ家や、ジェノヴァの名門ドーリア家の人間と同じように、君主の心を持っている」と評している。才能豊かなガウディに「完全な自由」をあたえたグエルは、まちがいなく最高のパトロンだった。1870年代のグエルはバルセロナで政治家としても活躍していたが、より大きな権威と影響力を持っていたのは、経済人としての活動だった。グエルは、成長著しいカタルーニャの繊維業界を代表する人物だったのである。研究熱心な経営者として知られた彼は、新しい機械や技術の導入によって莫大な富を手にしていた。

　1886年から1889年にかけて、ガウディはバルセロナ市内にグエル邸（パラシオ・グエル）を建設した。この建物は、構造や形や空間配置の面で、きわめて革新的なものとなった。さらにガウディはこのとき、はじめて大規模な内装も手がけることになった。彼はグエル邸内部に豪華な装飾をほどこしたが、それとは対照的に外装は驚くほど簡素に仕上げている。グエル家の住居であり、また迎賓館としての役割もはたしたこの建物は、地下1階、地上4階（中2階と中3階を含む）建ての文字どおりの豪邸だった。

　その地下1階は厩舎になっており、1階かららせん状のスロープでおりるようになっている。このフロアは、円錐形の柱頭を持つレンガ造りの円柱で支えられている。建物の中心となる2階には吹き抜けのホール（⇒右頁）があり、採光のための小さな穴がたくさん開いた巨大な丸天井でおおわれている。この階には、礼拝堂と食堂、それに続く居間やビリヤード室がある。また2階には正面階段もあり、1階の玄関に続いている。3階と4階には、家族の寝室や客室、使用人たちの部屋がつくられていた。

　外装は簡素で、正面玄関に飾られた錬鉄製

（右頁）グエル邸（パラシオ・グエル）のホール——1888年、内装が完全に終了していなかったにもかかわらず、グエルはこの建物に王家の人びとを招いた。バルセロナのメイン・ストリートであるランブラス通りの近くに建てられたこの邸宅は、グエルの威信の表現でもあった。

⇩グエルの風刺画——グエルはバルセロナの新聞や雑誌で、風刺の対象になることが多かった。この風刺画の彼は、キノコが入ったかごを持ち、グエル公園に入ろうとしている。キノコは、自然の景観を重視したグエル公園の建築様式を揶揄したもの。

第2章　イスラム建築の影響とカタルーニャ主義

の巨大なカタルーニャの紋章（⬇）をのぞいては，彩色された部分も彫刻もいっさいない。全体は切石でできているが，1階，中2階の壁面の一部と，2階と中3階のほぼ全体に広がる大きなトリビューン（楼台）の柱は大理石でできている。

　グエル邸のためにデザインされた家具の多くは，中世ゴシック様式を模したネオ・ゴシック様式か，18世紀のロココ様式から着想を得たネオ・ロココ様式だった。これは中世カタルーニャ美術をはじめとする古美術品のコレクションを，グエルがこの建物に陳列しようとしていたことと関係がある。しかし，いくつかの家具は，それまでにない様式でつくられていた。たとえば長椅子で，これは座り心地のよいクッションと，躍動的な錬鉄製の骨組みがきわめて対照的な印象をあたえる作品である。また，非常に不安定な形の鏡台（⇒p.59下）もつくられている。鏡はわざと左右非対称になっており，脚はまるで動物が歩いているところのように見える。

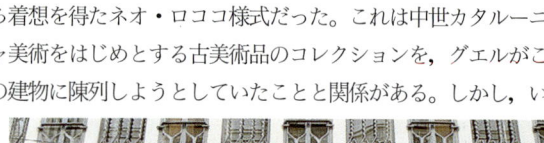

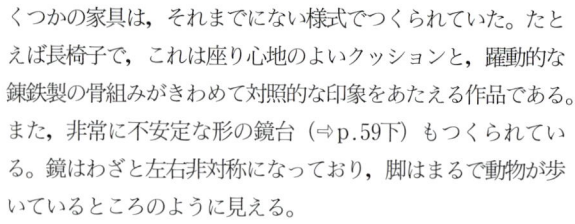

　しかし，グエル邸のなかでもっとも斬新なのは，屋上だろう。さまざまな形の煙突と換気塔が，風変わりなチェスの駒のように並べられているのである。もっとも，ガウディがこの数年後につくるカサ・ミラでは，グエル邸以上に奇抜な屋上が生まれ

⇧グエル邸の玄関（部分）
♪グエル邸の屋上
「建築廃材でつくられた，この幻想的な煙突の数々よりも独創的なものを制作することなど，誰にもできはしまい。ガラスの破片，不要な大理石の断片，割れた陶製タイル，炉のなかの燃えかすから石灰までが，創意工夫に富んだ空想的な形で，色彩豊かなすばらしい建造物を構成している。（⬈）

ることになる。兜をかぶった古代の兵士のような，不思議な形をしたいくつもの煙突が，波打つ屋上の上にそびえ立つことになるのである（⇒p.8，80上，81）。

(↗)文字どおりの芸術家が，残骸を美に変えてみせたのだ」
『ラ・バングアルディア』紙（1890年8月3日）
（エウセビオ・グエルの親しい友人だったフレデリック・ラオラの文章）

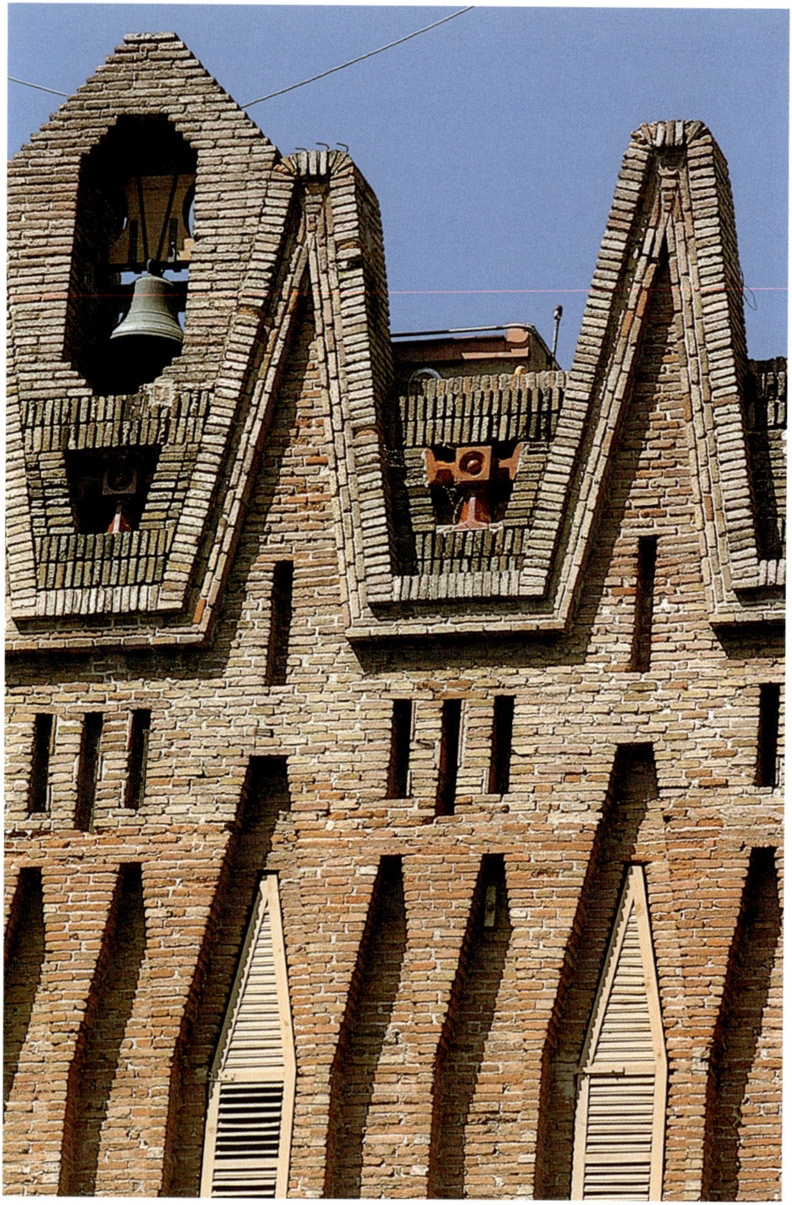

❖グエル邸(パラシオ・グエル)は，内装は豪華で奇抜，メイン・ホールは古典主義を基本とし，さらに多くの独創的なデザインを持つといったように，さまざまな建築様式が統合された作品だった。しかしこの建物を設計するにあたって，実はガウディはネオ・ゴシック様式を念頭に置いていた。ゴシック様式を徹底的に研究したガウディは，晩年，ゴシック様式はたしかに立派な建築様式ではあるが，「最終的な目標には達することができなかった様式」であるという結論に達している。「ゴシック様式は不完全な様式であり，（略）コンパスと形式と機械的なくりかえしの様式にすぎない」と彼はのべている。

第 3 章

ゴシック様式とフランス合理主義

（左頁）サンタ・テレサ学院の屋根（部分）──この学院の建築主であるサンタ・テレサ会は，清貧を旨とする修道会であり，建設のための予算も少なかった。しかし，そうした条件のなかでガウディは，この学院をかなり壮麗な建物に仕上げている。

⇨スペイン北西部に建てられた，アストルガ司教館の玄関ホールの柱頭。

生涯を通じて，ガウディはヴィオレ゠ル゠デュクと彼の著書に対する愛着を隠そうとはしなかった。たしかに，彼はヴィオレ゠ル゠デュクが南フランスのトゥールーズで行なったサン゠セルナン大聖堂の修復（1860〜1877年：⇒p.26下）を実際に目にしたとき，大きな失望を味わっている。しかし，ヴィオレ゠ル゠デュクが書いた『フランス建築辞典』からは，依然としてさまざまなヒントを得ていたのである。

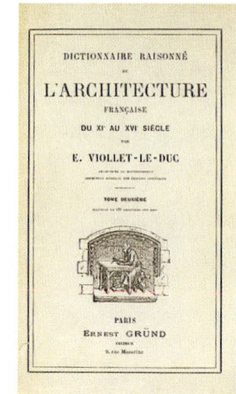

　とくにグエル邸の建設にあたっては，大きな影響を受けているといっていいだろう。グエル邸の外観は，トリビューン（楼台）のほかには飾り気がないが，これはヴィオレ゠ル゠デュクがフランス中東部のクリュニーに建てた建築物を参考にしたものと思われる。

　また，グエル邸の中心であるホール（⇒p.41）は，一見した

⇐フランスの建築家ヴィオレ゠ル゠デュクが1854年から1868年にかけて書いた『フランス建築辞典』（全10巻）——19世紀末の建築家たちは，「近代的な建物」をつくるために，この本をはじめとするヴィオレ゠ル゠デュクの著書を参考にした。

↙ヴィオレ゠ル゠デュクの肖像。

ところ16世紀のイタリアの建築家パラーディオの古典主義様式を参考にしたように見えるが、実はヴィオレ゠ル゠デュクの影響を受けたものだった。彼の著書である『建築講話』のなかに、建物内部が「合理的に配置されている」よい例としてイギリスのワークワース城があげられているが、この城の中央の吹き抜け部分、正面階段、天窓などの配置が、グエル邸のホールと非常によく似ているのである。

⇩サンタ・テレサ学院
──この建物には、パラボラ（放物線）状の窓が多用されている。窓についている木製のよろい戸は長方形で、窓の形を際立たせている。建物の正面にはトリビューン（楼台）が張り出していて、建物全体のアクセントとなっている。

ヴィオレ゠ル゠デュクの後継者

グエル邸のあとに建築が開始されたふたつの建物にも、やは

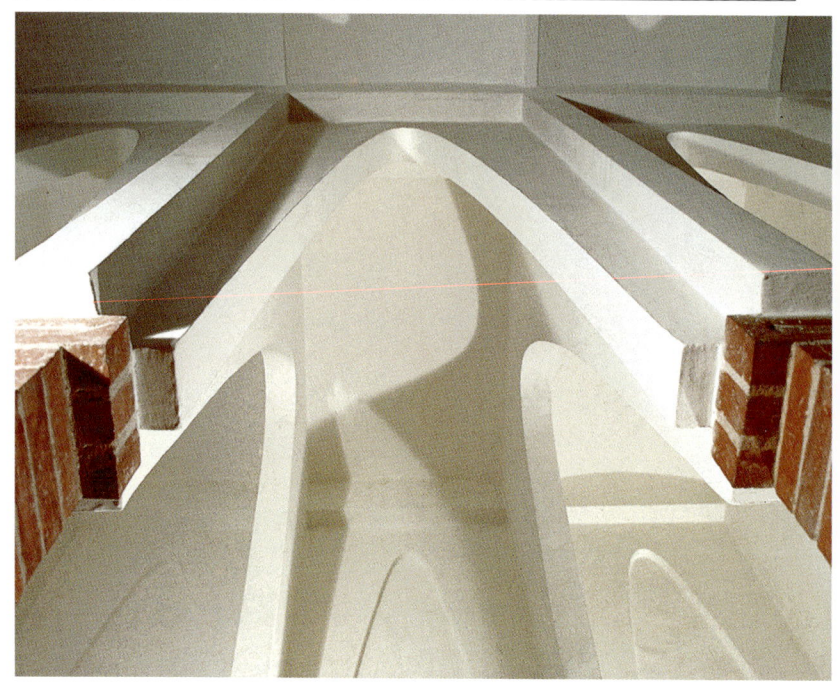

りヴィオレ=ル=デュクの影響が見られる。スペイン北西部のレオンに建てられたアストルガ司教館(1887〜1893年：⇒p.51)と、サンタ・テレサ修道会の創設者エンリケ・デ・オソーからの依頼でバルセロナに建設されたサンタ・テレサ学院(1888〜1890年：⇒p.47)である。非常に簡素な印象をあたえるこれらの建物も、ヴィオレ=ル=デュクの『フランス建築辞典』にスケッチと注釈入りで説明されているフランス北部のサント=マリ・ド・ブルトゥイユ大修道院の厨房と医務室の形から着想を得たものと思われる。

グエル邸で試みられた吹き抜けの空間は、これらの建物でも使われていた。とくにサンタ・テレサ学院は、ガウディがヴィオレ=ル=デュクを強く意識してデザインしたものといえる。巨大な直方体の建物の壁4面に、同じ形の窓が規則正しく連なっている様子は、思索と厳格さを重んじる修道会の建物として

⇧サンタ・テレサ学院内部のパラボラ・アーチ(放物線アーチ)——サンタ・テレサ学院の2階の廊下に並ぶパラボラ・アーチは、1階とは違って、レンガの上に白い石膏が塗られている。

　表面を白く塗るというのは、ムデーハル様式(イスラム美術から影響を受けたキリスト教美術)ではよく見られる手法である。白いパラボラ・アーチの下では光が斜めに差しこみ、さらにそれが増幅されるという効果が生まれる。

実にふさわしい。

　グエル邸の建築主が経済界の大物であったのに対して、サンタ・テレサ学院は資金の乏しい修道会の建物だった。そのため建築材料には値段の安いものが使われた。1階から3階までは荒石、4階はすべてレンガを積んでつくられた。レンガは1階から3階までの開口部の枠と、1階と2階、2階と3階の境界線に配置された帯状の装飾部にも使われている。この装飾部には、赤いセラミックでつくられた修道会の紋章がつけられている。サンタ・テレサ学院は学校であり、また寄宿舎でもあったため、人の出入りや採光などにじゅうぶん配慮して部屋の配置が決められた。その結果、教室は1階と2階に、生徒たちの宿舎は3階と4階に置かれることになった。

↑サンタ・テレサ学院の門——グエル邸と同じく簡素な正面を持つサンタ・テレサ学院は、玄関にパラボラ状の開口部と錬鉄でできた両開きの門があり、建物に彩りを添えている。

　教室のあった1階と2階には、光がふんだんに入るような工夫がなされた。1階は、建物の端から端まで中央に廊下が走り、その廊下から教室に入るようになっていた。2階には、建物の内側に光をとりいれるための中庭が設けられ、その両側に廊下がつくられた。一方、建物の外壁は、グエル別邸の門番小屋と同じく、角が削られていた。3階と4階の部分の四隅が切りこまれ、そこから上へ向かって塔がのび、切りこみの部分には修道会の紋章が飾られているのである。

　しかしこの建物で、ガウディの個性がもっともあらわれているのは、パラボラ・アーチ（放物線アーチ）が多用されていることである。建物の外部では窓がパラボラ・アーチの形をしており、内部では中庭の両側にある廊下がパラボラ・アーチの連

続によって構成されていた。

疑問点の多い建物

　スペイン北西部のレオンに建てられたアストルガ司教館では、グエル邸やサンタ・テレサ学院のようなパラボラ・アーチが不思議なことにいっさい使われておらず、その内部は広い空間によって構成されている。階段ホールを兼ねた吹き抜けのホールが建物の中心をしめ、窓がずらりと並んだ最上階には、光がたくさん差しこんで非現実的な雰囲気をかもしだしている。

　しかしガウディは、この建物を完成させることはできなかった。なぜなら司教館が完成する以前の1893年に、建築主のアストルガ司教であるグラウ神父が亡くなったからである。彼の死後、司教の諮問機関である司教座聖堂参事会は、バルセロナから職人たちを連れてきたガウディに反感を持った地元の建築業者からの圧力によって、ガウディを解任することを決めたのだった。とはいえ、統一のとれた外観、垂直方向にそびえる建物、格調の高い塔など、現存する司教館はこのうえなく正統的なネオ・ゴシック様式でつくられた見事な建築作品といえる。

　ガウディはこのレオンで、もうひとつの建物を手がけている。エウセビオ・グエルの友人である織物商のフェルナンデスとアンドレスのために、旧市街の中心部に事務所と集合住宅を兼ねたボティーネス館を建てたのである。これは、1階には建築主たちの事務所を、上層階には複数の賃貸住宅を入れた、バルセ

↑ボティーネス館──スペイン北西部のレオンは、冬に雪が降ることが多い。そのためガウディはこのボティーネス館の屋根をスレート葺きにし、塔のてっぺんをとがらせた。バルセロナの建築家たちはこの塔の形を絶賛し、さっそくデザインにとりいれた。しかしガウディは、「彼らはあまりにも先見の明がありすぎる。(温暖な)バルセロナの気候が激変するときに備えて、尖塔を建てているのだから」と、皮肉った。

ロナなどではよく見られるタイプの建物だった。どっしりとした印象をあたえるボティーネス館は、ネオ・ゴシック様式に属している。この建物では、ガウディが得意とした垂直方向に上昇するようなデザインは採用されず、フランス合理主義の影響を受けた箇所も、屋根窓、煙突、四隅に立つ塔など、わずかしかない。しかし、塔が四隅に立っていることもあって、ここでも外壁の角は直角ではなくカーブを描いている。また、下層階では雨押さえの石が帯状に建物をとりまいているので、全体的に水平方向への広がりが強調されている。

↓アストルガ司教館──この建物で、ガウディはめずらしく白い花崗岩を使っている。建物は深い堀でかこまれているので、離れた場所から眺めると、さまざまな形の塔が、まるで地面から生えているかのように見える。建物の前に置かれているふたつの彫像は、もともとは塔の上に飾られる予定のものだった。

ゴシック様式でつくられた民間建築

ガウディはヴィオレ＝ル＝デュクの理論をもとに，独自の個性的な設計を行なった。しかし彼は本から得た知識だけに頼って，ゴシック様式の研究をしたわけではない。学生のころ，ガウディはバルセロナ建築学校の校長エリアス・ロジェントが企画した調査旅行に参加している。この調査旅行のおかげで，彼はカタルーニャのゴシック様式だけでなく，スペイン国境に近いフランス南部のルーション地方のゴシック様式にも非常に早い時期から触れることができたのである。

その後もガウディは，スペイン北西部のレオンで，フランス・ゴシックの影響を受けた大聖堂を実際に見て，強い感銘を受けている。また，スペイン中北部のブルゴスでもゴシック様式の傑作である大聖堂を見たが，この有名な聖堂はガウディの目には，「これみよがしに飾り立てられた建物」としか映らなかったようである。

1900年から1905年にかけて，ガウディはバルセロナのはずれに，カタルーニャのゴシック様式で，ベリェスグアルドと呼ばれる住宅を建設した。建築主のマリア・サゲス夫人は，カタルーニャ主義の信奉者だった。さらにこの建物が建設された土地は，カタルーニャ王国最後の王であるマルティン１世の離宮があったとされる場所だった。そのためベリェスグアルドは，カタルーニャの伝統を強く感じさせる建物となった。

壁には凹凸が刻まれ，石落としがつけられ，城塞の銃眼を思

↑レオン大聖堂のアーチ形天井——1205年に建設が開始されたレオン大聖堂は，14世紀初頭にようやく完成した。この非常に優美な大聖堂は，19世紀後半に全面的に修復されている。

わせる非常に細長い窓が設けられるなど、外観は重々しくつくられている。また建物へ向かう途中の土手も、頑丈な傾斜柱で支えられている。しかし建物の内部（⇒p.54）には、リブ（補強材）で仕切られたアーチ形天井、屋根裏の回廊に立てられたらせん状柱など、ガウディらしさが強く打ち出されていた。

バロック様式の息吹が感じられる建物

ベリェスグアルドを建設していたとき、ガウディはネオ・ゴシック様式から距離を置いた建物をすでに設計していた。織物会社を経営するペドロ・カルベットの事務所兼住宅として建てられたカサ・カルベット（1898〜1904年：⇒p.55）である。この建物を設計するにあたり、ガウディは町並みの雰囲気にあわ

↑ベリェスグアルドの全景──この建物の平面は正方形をしており、塔の頂上には東西南北を示すセラミック製の十字がのっている。

カタルーニャの景色を背景に建つベリェスグアルドは、まるで一枚岩でできた記念碑のように見える。ガウディはこの建物の外装に、この土地でとれた灰色、緑、茶色、黄色などの石材をうまく利用している。

せた外観にするという，それまで手がけたことのないコンセプトによってデザインを行なうことになった。正面の外壁は切石でつくられ，入口の上にあたる2階の中央には，トリビューン（楼台）が設置された。また，屋上には美しいカーヴを描く装飾板が2枚ついているが，これはこの建物のなかでもっとも独創的な部分である。窓はすべて同じ形をしているが，2階のトリビューンをはさむ両脇の窓とその上層階の窓には三葉形(みつばがた)のバルコニーがついていて，外観に彩りを添えている。

　それまでのガウディ作品と，このカサ・カルベットの大きな違いは，外部の装飾に彫刻が使われた点である。たとえば，屋上の装飾板の上には十字架が立てられ，その下には建築主の守護聖人と，建築主の生まれ故郷の守護聖人の胸像が置かれている。トリビューンにも，さまざまなキノコや植物の彫刻が刻まれている（⇒p.61）。そのほか，錬鉄でつくられた建物の番地を示すプレート，押しボタンパネル，入口のドアの取っ手なども

↑ベリェスグアルドの入口ホール——ベリェスグアルドの内部は，いかめしい外観とは驚くほど対照的である。とくに入口のホールは，柱の上部や天井が波打っていて，のちのカサ・ミラのデザインを予告している。壁と天井には白いなめらかな石膏が塗られており，光と影の効果で境界線が薄れ，全体的にやわらかな印象をあたえている。

第3章 ゴシック様式とフランス合理主義

特徴的である。とくに、入口のドアノッカーは風変わりなもので、ノックする側の金具には善の象徴である十字架が、ノックされる側の金具には悪の象徴である南京虫がつけられていて、誰かがノックするたびに南京虫が十字架でたたかれるしくみになっていた。

建物の内部にも、趣向が凝らされている。とくに、玄関ホールに続くエレベーター・ホール（⇒p.60）がすばらしい。エレベーターは錬鉄製の格子に天蓋をかぶせた形をしており、そのまわりは優雅な渦巻型の模様が刻まれたイオニア式の柱頭がついた小さな柱でかこまれている。さらにホール入口には、らせん状の柱が立っている。

エレベーター・ホールの前にある玄関の壁には、枠に3つのランプがついた大きな鏡が向きあってついており、光が反射するとともに、鏡の効果で空間が広く見えるようになっている。

このカサ・カルベットでも、ガウディは家具の制作にあたった。カルベット家のサロンに置かれた肘掛椅子は、グエル邸のためにつくられた椅子（⇒p.58）と同じ系統のものである。シートと背もたれはつづれ織でおおわれ、木製の骨組みは彫刻がほどこされて金色に塗られた。非常に豪華

↓カサ・カルベットの正面——両側を既存の建物にはさまれた状態でつくられたこのカサ・カルベットは、バルセロナ市の建築年間賞を受賞した。ガウディが生前に公的な機関から賞を受けたのは、この作品だけである。

056

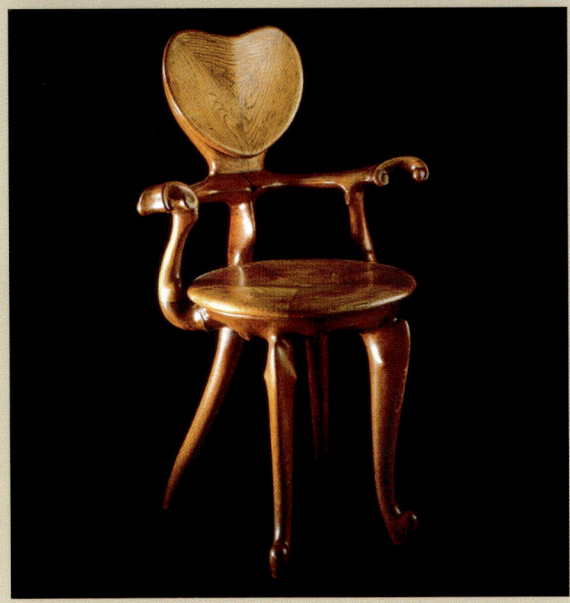

カサ・カルベットの事務所の家具

カサ・カルベットの事務所のためにガウディがデザインした家具は、鉱物や化石や人間の骨格を思わせる奇妙な形をしている。しかしそれは、実は人間工学の研究にもとづいて制作されたものである。

事実、椅子などは非常にうまく腰骨を支え、もっとも快適な姿勢で座ることができる絶妙な曲線によってつくられている。

家具の制作にあたっては、非常な正確さと厳格な合理主義が要求された。耐久力を重視したガウディは、研究に研究を重ねてそれぞれの部分を設計し、部品や接合部分のひとつひとつをていねいにつくり、組み立てにも最大限の注意を払った。

ガウディの弟子だったベルゴスは、次のような興味深いエピソードを伝えている。内戦時に、カサ・カルベットの1階の窓ガラスが爆弾で吹き飛ばされた。そのとき、窓のうしろにあった椅子もバラバラに飛び散った。しかし椅子は壊れたのではなく、接合部分がはずれただけだったので、すぐ元通りにすることができたという。

058

第3章 ゴシック様式とフランス合理主義

人間工学にもとづいて制作された家具

　グエル邸のためにガウディが制作した家具の多くは、18世紀に流行したロカイユ様式をもとにしている（右頁下はグエル夫人の寝室に置かれた鏡台、左頁はサロンの肘掛椅子）。ロカイユ様式は非常に貴族的な装飾様式として、当時のヨーロッパ全土で有産階級の人びとから愛好されていた。

　ガウディはカルベット家のためにも、ロカイユ様式と同時代のロココ様式から着想を得た家具をつくった。たとえば、木製で彫刻がほどこされ、金色に塗られた枠のついた鏡などである（右頁上はその一部）。

　これらの家具は非常に奇抜なデザインをしているが、そのひとつひとつが厳密な人間工学にもとづいて制作されたものだった。左頁の高価なコルドバ革が張られた肘掛椅子を例にあげると、彫刻がほどこされて金色に塗られた木製部分の曲線はロカイユ様式にのっとったものだが、シートや背もたれの曲線は座る人の体にきちんと合うように、さらには上品な姿勢を保つことができるように計算しつくされている。

　また右頁下の鏡台の脚の部分についている小さな台は、ブーツのひもを結ぶときに足をのせるためのものである。

060

な印象をあたえるこの椅子の脚には、花をモチーフとした金属製の装飾がらせん状につけられており、非常に大胆なデザインであるにもかかわらず、わざとらしさは感じられない。

　また、1階の事務所のための家具を制作するにあたって、ガウディは人体の動きを研究するという新しい手法をとりいれている。これは事務所の家具だけでなく、各階のドアの取っ手をデザインするときにも使われた手法だった（彼はやわらかい粘土のなかに手を差しこんで、取っ手の型をとったという）。事務所の家具の脚は結合部が骨ばっており、人間の骨格を思わせる（⇒p.56・57）。力強さと生命感にあふれるガウディの家具は、建物全体を活気づける役割をはたしている。

（左頁）カサ・カルベットの玄関ホール──この作品でガウディは、スペイン・バロック様式の伝統を再現した。奥に見えるエレベーターは、まるでカタルーニャの祭壇に置かれた彫刻のように見える。

⇧カサ・カルベットの正面入口の上にあたる2階中央に設けられたトリビューン（楼台）。

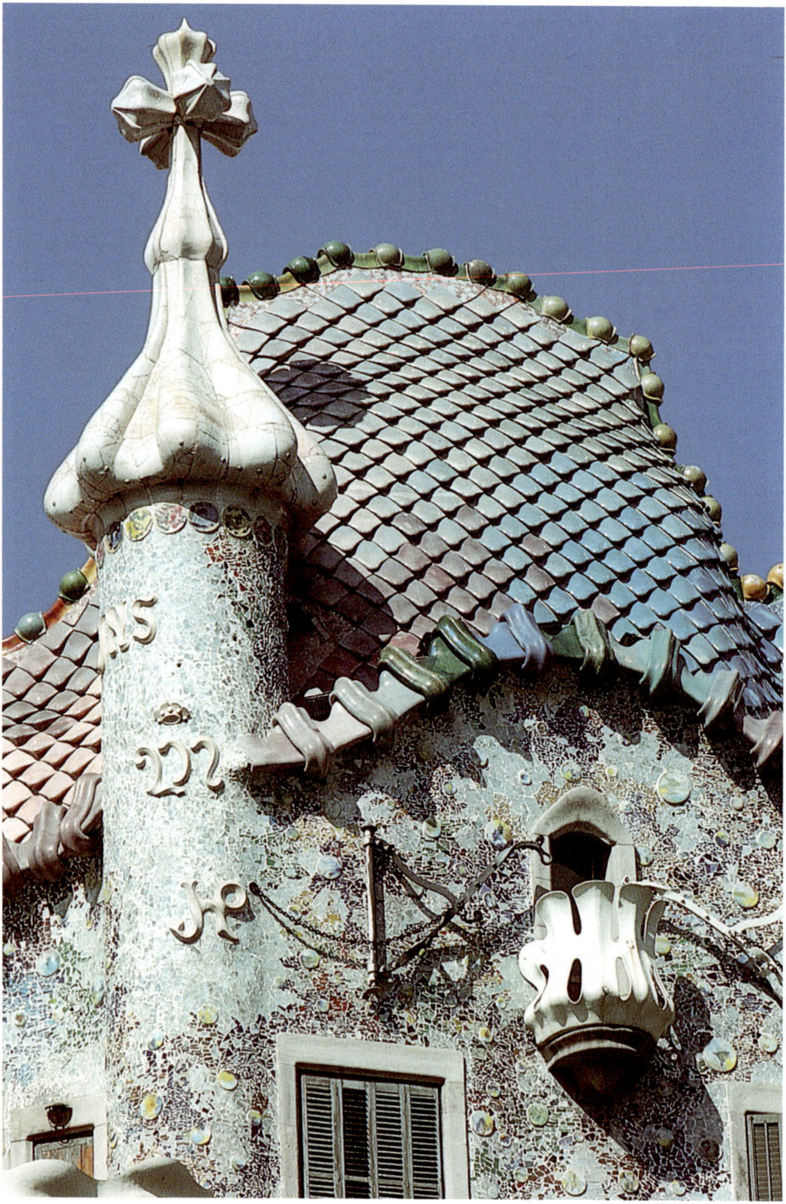

❖20世紀に入ると，ガウディは持って生まれた才能と奇抜な想像力を融合した，個性あふれる建築物を設計するようになった。彼は，それまで対照的なものとされてきた「構造」と「装飾」を両立させ，独自の様式を確立することに成功したのである。ガウディが設計した建築物は，石やコンクリートでできているにもかかわらず，まるで有機体のようであり，そこに生命が宿っているように見える。このようなエネルギーに満ちた建築物は，建築史上でも他に類を見ないものといえるだろう。

第 4 章

生き物のような建築

（左頁）カサ・バトリョの屋根

⇨グエル公園の市場天井の円形装飾モチーフ
「建築物は，色を放棄してはならない。それどころか，形や量感を生かすために色を使わなければならない。色は形を補い，生命がそこに宿っていることをはっきりと示すためのものである」
　　　ガウディ

1900年，ガウディは彼のもっとも大規模な作品であるグエル公園をつくりはじめた。グエル公園はバルセロナの北西に位置するペラダ山の南斜面に広がる，約20ヘクタールの土地に建設されることになっていた。1984年にユネスコの世界遺産として登録されたこの公園は，現在ではバルセロナ市民の憩いの場として親しまれている。

　しかし建設当初の計画では，一般の人びとに開かれた公園をつくろうとしていたわけではなかった。ガウディが市に提出した書類に，英語で「公園」と書かれていたことからもわかるように，これはイギリス風の庭園都市（住宅地）として計画されたものだったのである。建築主のエウセビオ・グエルの意向を受けて，ガウディは岩石だらけの山の斜面に，庭園に囲まれた住宅地を造成する仕事にとりかかった。だがこの計画は，結局失敗に終わってしまう。60区画の宅地がつくられたが，

石化した自然

　庭園都市の建設は失敗に終わったが、グエル公園はそのいたるところにガウディのすぐれた才能が表現された、すばらしい作品となった。まずグエル公園の建設予定地は地形も地質も悪く、道路をつくったり建物を建てるためには、土地を削ったり埋め立てたりする作業がどうしても必要だった。しかし整地には莫大な費用がかかるため、ガウディは別の方法を考えた。それは、高さの違う土地を3つの陸橋で結ぶという大胆なものだったのである。

　一番低い場所につくられた陸橋（⇩）は、2列の柱で支えられた。柱はすべて傾斜していて、上部へ向かってしだいに広が

（左頁上）グエル公園の3つの陸橋の全景
（左頁下）グエル公園の女像柱——1903年、カタルーニャ建築家協会のメンバーが、グエル公園の建設現場を訪れた。そのときサルバドール・セリェスは、次のように述べている。
「柱のなかには精巧な細工をほどこしたものもあるが、すべてが素朴で快い。（略）なかには外側にリブ（補強材）がついたものもある。そのリブは、きまぐれな自然がつくった鍾乳石のような形をしている」

⇩グエル公園の陸橋

り，最後にはアーチ形の天井を形成している。この柱には土台がないので，まるで木の幹のように地面から生えているように見える。その一方，2番目と3番目の陸橋は，3列の柱で支えられていた。真ん中の柱は垂直に立てられ，両側の柱は内側に傾斜している。さらに，天井にはリブ（補強材）がつけられていた。

　1番目の陸橋とは異なり，2番目と3番目の陸橋を支える柱には土台と柱頭がついており，一般的な建築様式にのっとったデザインをしている。さらに外観の面でも，1番目の陸橋の柱は不揃いな形の石でできていて，ヤシの木の樹皮を思わせる。しかし2番目と3番目の陸橋の柱は，荒削りではあるものの，揃った形の石を使っている。とはいえ，3番目の陸橋の上には，切り出したままの石を使った巨大な植木鉢が並び，自然を模した風景が広がっている。この樹木のような形をした柱は，まさしく「石化した木」と呼ぶにふさわしい建造物だが，その頂上にはリュウゼツランが植えられて，生命感にあふれている。

⇐グエル公園の陸橋の上層部分にある回廊

〔左頁下〕グエル公園の市場として想定された多柱室

⇩グエル公園の多柱室に立つエウセビオ・グエル（1915年）──「あちらの柱には奇妙な動物，こちらには頭像，少し離れたところには女像柱がある。それらは石片をコンクリートで固めるという，新しい技法でつくられている。（略）柱の多くが，水や栄養分を吸収するために根を張っているヤシのように見える」
サルバドール・セリェス

　このようにグエル公園では，自然の風景と建築様式が見事にとけあっている。公園内に植えられた植物も，マツ，イナゴマメ，ヤシなど，もともとこの地にあったものが選ばれていた。また建築材料の色や質感も，ガウディの故郷であるタラゴーナの風景に調和したものが使われていた。

　その一方で，居住者たちが日用品を手に入れるための市場として想定された広い多柱室（⇐）は，伝統的な建築様式を踏まえてつくられていた。90本近く立てられた柱は，あきらかにギリシア古典建築様式のひとつであるドーリア式を参考にしたものである。

　とはいえ，ガウディはたんなるドーリア式ではなく，そこにいくつかの変更を加えている。柱身の直径はかなり大きく，円柱の縦溝

⇐グエル公園の入口にある泉水

⇓グエル公園のテラスのベンチ──「これまでにつくられたもっとも総合的な建築は、グエル公園である。グエル公園は建築全般におけるこのうえなく輝かしい作品であり、(略) われわれの文芸復興運動が生み出した成果のうち、おそらくもっとも超越的なものである。(↗)

　の数は少なく、軒を支えるための上部は厚く平たくし、ギリシア様式のすらりとした印象からは程遠い重量感を出している。結局のところ、ガウディは古典期以前の初期の芸術を思い起こさせる、まったく新しい建築様式をつくりあげたのである。

　この多柱室は神秘的で厳粛な雰囲気を漂わせる空間となっているが、それとは対照的に、列柱が支えている広いテラスは明るさと陽気さに満ちている(⇒)。バルセロナ市内を見晴らすことのできるこの広場の周囲は、曲がりくねったベンチで縁どられ、巨大な爬虫類のように蛇行するそのベンチには、色とりどりの破砕タイルでモザイクがほどこされている。

　多柱室へ向かう正面階段に置かれた大きなトカゲの装飾(↑)にも、破砕タイルが使われている。このトカゲは、ギリシア神話に登場する地下水の守護者である大蛇ピュトンを象徴したものと思われる。というのも、1万2000リットルの容量を持つ貯水タンクから流れてきた水が、このトカゲの口から排出されているからである。

　また破砕タイルは、公園をかこむ塀の上部、正面階段の両側を固める壁、正門の横に建つふたつの建物の屋根でも使われている。正門の横に建つ建物は、ひとつは門番小屋で、もうひとつは事務所としてつくられたものだろう。事務所のほうには高さ10メートルの塔があって、この塔もすべて破砕タイルでおお

われている。

建築と装飾の融合

こうしたさまざまな色のタイルを使った装飾は、偶然にできあがったものではない。建築における色の役割を徹底的に研究し、感覚的な経験を積んだ結果として誕生したものなのである。そのことを裏づけるエピソードが残されている。それはガウディがバルセロナ市内でカサ・バトリョの増改築を行なったときの石工の証言だが、正面の外装をするために、この石工はいろ

（↗）均整のとれた美しいグエル公園は、革新的で現実的で理想主義的で科学的な、われわれの精神が実際にこの目で見て、手で触れて確かめることのできる石の作品なのである」
ガウディの助手を務めた建築家ホアン・ルビオー『総合建築に到達する難しさ』(1913年)

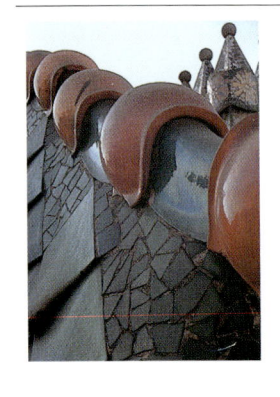

いろな種類の円形タイルやガラス片を持って足場にのぼらされたという。

「(ガウディは)建物の前の道路に立ち,そこから大声で私たちに,タイルを張る場所についてこまかく指示した。しかし,決まりきったモザイクをつくるのとは違って,あまりにもたくさんの色のタイルがあったので,石工たちはその新しい建築技法になかなか慣れることができなかった。彼(ガウディ)が満足するまで,私たちは張ったタイルを何度もはがさなければならなかった」

また,円形タイルのまわりは「濃淡のついた色が塗られ,職人たちはその色調に合わせた色ガラスを張った。タイルから離れるにしたがって,色は下地の淡い灰色に近づいていった」と,ガウディの弟子だったベルゴスは語っている。

カサ・バトリョは,実業家のホセ・バトリョが1904年に依頼した建物である。しかしこの建物は新築ではなく,1870年代に建てられた集合住宅の増改築だった。ガウディは2階ぶんの増築を行ない,正面外装の装飾や,建築主の住居が入っている2階の内装などを手がけた。このときもやはり,たんなる改装には終わらず,驚くほど斬新な建物が完成した。建物の正面にほどこされた楽しげな多彩色の装飾は,建築家ホセ・プッチ・イ・カダファルク(1867〜1956年)

⇓⇐カサ・バトリョの全景と屋根の棟(部分)――1933年,スペイン生まれの画家サルバドール・ダリは,カサ・バトリョについて次のようにのべている。

「つまり,湖面に映る夕暮れの雲の影を思わせる建物,さらにはこのうえなく厳格な自然主義にのっとり,見るものに錯覚を起こさせるほど写実的でありながら,住むに適した建物(私の考えでは,魅力的でもある建物)を,ガウディはつくる必要があったのである」

がその数年前に設計した有名なカサ・アマトリェルをはじめとする、付近の建物を圧倒するほどの出来栄えだった。また屋根も、非常に独特なものだった。おとぎ話に出てくるトカゲの背骨のように、何色ものうろこ状の釉薬瓦がのせられて、太陽の光で輝くようにつくられたのである。

カサ・バトリョを見たあるイギリスの建築家が、「これは童話の『ヘンゼルとグレーテル』から飛び出してきたような家だ！」と言ってガウディを非常に喜ばせたというエピソードが残っている。

屋根の棟はリズミカルに波を打つデザインだが、それと同じように正面のバルコニーや開口部の縦材として使われている石の支柱も、ゆるやかな起伏を描いている。起伏があるために、支柱には突出した部分ができた。たとえば1階の柱は歩道に60センチメートルはみ出しているのでバルセロナ市から注意を受けたが、ガウディはまったく気にしなかった。これらの支柱は建物にぴったりと寄り添っているのではなく、建物のなかからまるで皮膚を突き破って出てきたかのように見える。柱の形そ

⇧カサ・バトリョの正面2階部分──ガウディは古典主義建築のことを、たびたび批判している。彼によると、古典主義建築は「支える部材と支えられる部材の区別がきちんとできていないので、縦材や円柱と、アーチや横材のあいだに、一貫性がないという欠陥がある。この一貫性のなさは、柱頭や、コンソール（軒や梁の上部材を支える装飾）など、装飾的な部分をつけ加えることによって隠されている」のだという。

一方、カサ・バトリョでは、さまざまな部分がそれぞれの個性を失ってしまうほど密接に結びつき、全体としてのリズムを生みだしている。

のものも非常に独創的で，想像力をかきたてられる。身動きひとつしない鉱物のようでありながら，しなやかで流動的な印象をあたえるので，石でできているにもかかわらず，生命の鼓動が脈打つ人間の臓器を思わせるのである。

バトリョ家の住居内部も，建物の正面と同じように波打つデザインになっている。そして部屋自体もまた，まるで生物の細胞が増殖するかのように，たがいにつながっているのである。

建物の1階からバトリョ家の住居がある2階へ向かう階段には，屋根の棟に似た恐竜の背骨のような手すりがついている。さらにバトリョ家の内部には，直線や平面がまったくない。天井と壁は起伏に富んでいて，仕切り板やドアは部分的に張り出している。サロンと食堂に置かれた家具（⇒p.74～77）は人間工学にもとづいた設計がなされており，カサ・カルベットの事務所の家具と同じ系統のものである。

たとえば椅子は，座る人の体にぴったりと合うようにできている。家具の木製部分は，建物の正面を飾る石のアーケードや柱と同じように，流れる液体が動きを止めたような印象をあたえる。ドアや窓の枠にも，波打つ壁のデザインに合うように，直線はいっさい使われていない。またサロンの天井には，台風を思わせるダイナミックな渦巻型の装飾がほどこされている。

⇧バトリョ家の住居部分の入口ホール——バトリョ家の住居部分の天井は，やわらかくとけた石膏が上の階から流れ出してきたようなデザインをしている。その石膏は，うねったりさざ波を立てたり，渦を巻いたりしながら，壁をつたってドアの上まで流れ落ちてくる。のちのカサ・ミラの天井では，この起伏はさらに激しくなる。

聖母マリアに捧げられた波打つ建築物

　カサ・バトリョを設計した数年後、ガウディはさらに大胆な外観の建物を手がけている。その建物、つまりカサ・ミラは、実業家のペドロ・ミラとその夫人であるロサリオ・セヒモンからの依頼によって建てられた集合住宅である。カサ・ミラはカサ・バトリョとくらべものにならないほど全体が大きく波打つデザインをしており（⇒p.78下）、まさしく前代未聞の建物となった。広い敷地いっぱいに建てられたため、大きな中庭がふたつつくられ、光をとりこむ工夫がなされていた（⇒p.80上）。

　いたるところに創意工夫に富んだ設計が行なわれたカサ・ミラは、全体としてはやわらかい粘土でつくられた巨大な彫刻のように見える。ガウディはまず、敷地に関する常識を打ち破った。カサ・ミラの建設予定地はふたつの道路に面した角地であったにもかかわらず、建物には角ばった部分をまったくつくらなかったのである。一方の道路からもう一方の道路に向かって、

⇩カサ・バトリョの食堂——カサ・バトリョ内部の雰囲気は、当時の写真が残っているおかげで、はっきりとイメージすることができる（⇒p.74・76上）。

　それに反して、当時のカサ・カルベットの内部の写真はまったく残されていない。グエル邸内部の写真も、わずかな枚数しか存在しない。

　カサ・ミラについては、建設時の書類はあるが、内部の写真はのちの時代のものである。その写真には、ミラ夫人がガウディ設計の家具をとりはらい、古典主義の家具を置いていたときの様子が写っている（⇒p.76下）。

074

第4章 生き物のような建築

カサ・バトリョの家具

　カサ・バトリョのためにガウディがデザインした椅子などを見ると，思わず触ってみたくなる衝動にかられる（⇨p.77上）。ゆるやかに曲線を描く椅子の肘掛やシートのまわりや背もたれを手でなぞり，一見したところ平板な部分がわずかに隆起したりくぼんだりしている様子を味わいたくなるのである。

　その点でカサ・バトリョの家具は，グエル公園の蛇行するベンチに似ているということができる。7人掛けの椅子のセットは，その背後に置かれた巨大な鏡の形と調和がとれている。その鏡を仕切る枠は，正面にある窓の枠や，右側にある扉の枠と揃いのデザインをしている（左頁）。部屋の隅に置かれたショーケース（右頁）にも，同じリズム感がある。

　これらの家具はすべて，浸食作用によって起伏ができた地質を思わせるが，すべて人間工学にもとづいて設計されたものである。

(p.76上)カサ・バトリョの内部

(p.76下)カサ・ミラの内部

(p.77下)ガウディがデザインした衝立。

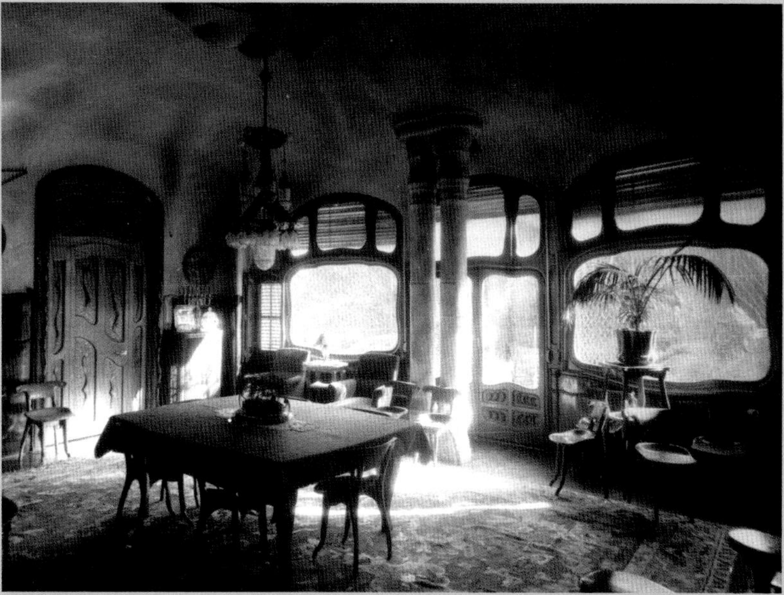

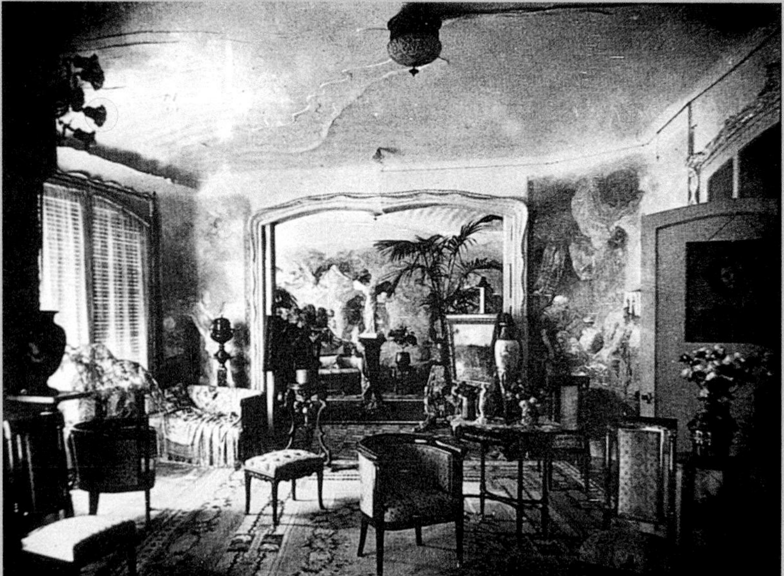

第4章 生き物のような建築

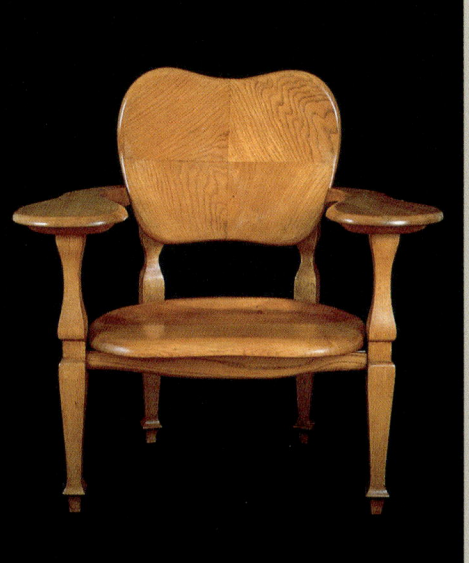

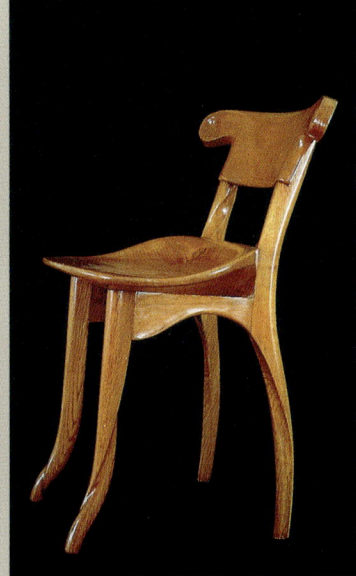

077

建物の壁面は丸みを帯びながら一続きになり、ゆったりと自然に流れるようにつながっている。

建物の壁は彩色されていない。それは現在は変色してしまったが、もともとはクリーム色をしていた外壁の石材を生かすための工夫だった。そのため、カサ・ミラは「ラ・ペドレラ（石切り場）」という通称で呼ばれることになった。この外観は、ガウディがよく知っていたバルセロナ近郊の岩山を、建築として再現したものだと言われている。彼自身も、そのことをたびたびほのめかしている。たとえば、画家のカルレスと話す機会があったとき、カルレスが「この建物の曲線的な形について、説明をつけることはできますか」と問

⇐ガウディの風刺画——ガウディは、新聞で何度も風刺の対象となった。これは、バルセロナ司教が見守るなか、カサ・ミラの頂上に巨大な聖母マリア像を設置しようと必死になっているガウディ。

⇩聖母像を頂上に置いたカサ・ミラ正面のデッサン——カサ・ミラもまた、「乗り手のいないトロイの木馬」「穴だらけの大海」などと嘲笑された。また、フランスの政治家クレマンソーは、1910年代末にバルセロナへやってきたとき、カサ・ミラを見て「これは恐竜の隠れ家だ」と叫んだという。

078

第4章　生き物のような建築

うと，ガウディは「ここから見える山々の形に結びついているということで，説明がつきます」と答えている。

　大地の力を感じさせるカサ・ミラに感銘を受けた当時の人びとは，鉱物や水や植物が持つ力もこの建物には宿っていると考え，ガウディのことを，ギリシア神話に登場する天空の神と大地の女神の子どもであるティタンや，ドイツの作曲家で独自の総合芸術論を展開したヴァーグナーの子孫だとさえ言って称賛した。

　ところで，あまり知られていないことだが，このカサ・ミラは聖母マリアに捧げる建物として計画されたものだった。当初の予定では，建物の上部にマリア像が飾られるはずだったのである。彫刻家のカルロス・マニ（1866〜1911年）は，幼子イエスを抱いたマリア像の模型をすでに制作しており，実物は石と金色に塗られた金属とクリスタルでつくられ，建物正面の屋上に置かれることが決まっていた（⇐）。そのため，建物の外壁は上層部へ向かうにしたがってゆるやかな起伏を描くようになり，

⇧カサ・ミラの正面——「私はこの作品を，聖母マリアに捧げるために設計した。なぜなら，バルセロナには聖母のための記念建造物がないからだ」

　建築家のファン・バセゴダによると，カサ・ミラのバルコニーに設置された錬鉄製の見事な手すりは，ガウディ立ち会いのもとでつくられた試作品にもとづいて制作されたものだという。

　多くの歴史家たちは，この手すりがガウディの助手であるジュジョールによってデザインされたと考えているが，バセゴダはそれを否定している。

079

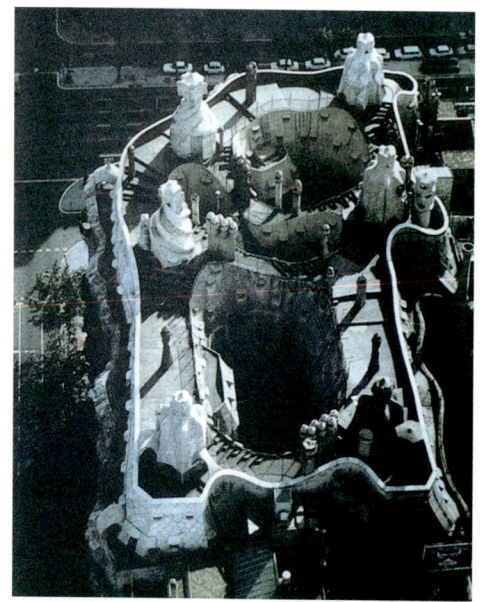

⇐カサ・ミラの屋上──カサ・ミラの屋上は，ガウディが設計した作品のなかでも非常に幻想的な空間のひとつと言える。しかしこの屋上は，強い不安感をあたえる空間でもある。事実，吹き抜けになっているふたつの中庭の周囲には手すりがなく，そのまわりの通路の床は平坦ではない。

またあちこちに立っている煙突や換気塔は，兜をかぶった兵士を思わせる。その形は，不可解というよりも不気味というほうが近い。

⇩カサ・ミラの中庭1階にある玄関ホールを写した昔の写真

第4章 生き物のような建築

↑カサ・ミラの屋上にある煙突と換気塔

マリア像の足元でその波が静まるよう設計されていたと考えられている。しかし1909年7月にバルセロナで暴動が起こり、数多くの宗教建築物が放火されるという出来事が起こった。そのため建築主であるミラ夫妻は、マリア像を設置することに反対したのである。

　マリア像を設置できなくなったため、ガウディはカサ・ミラの完成に興味を失った。彼は助手のひとりであるホセ・マリア・ジュジョール（1879〜1949年）にあとを任せ、自分は手を引いた。そしてそれまで20年以上を費やしてきたサグラダ・ファミリア教会（聖家族教会）にすべての情熱を傾け、生涯その仕事に没頭することとなるのである。

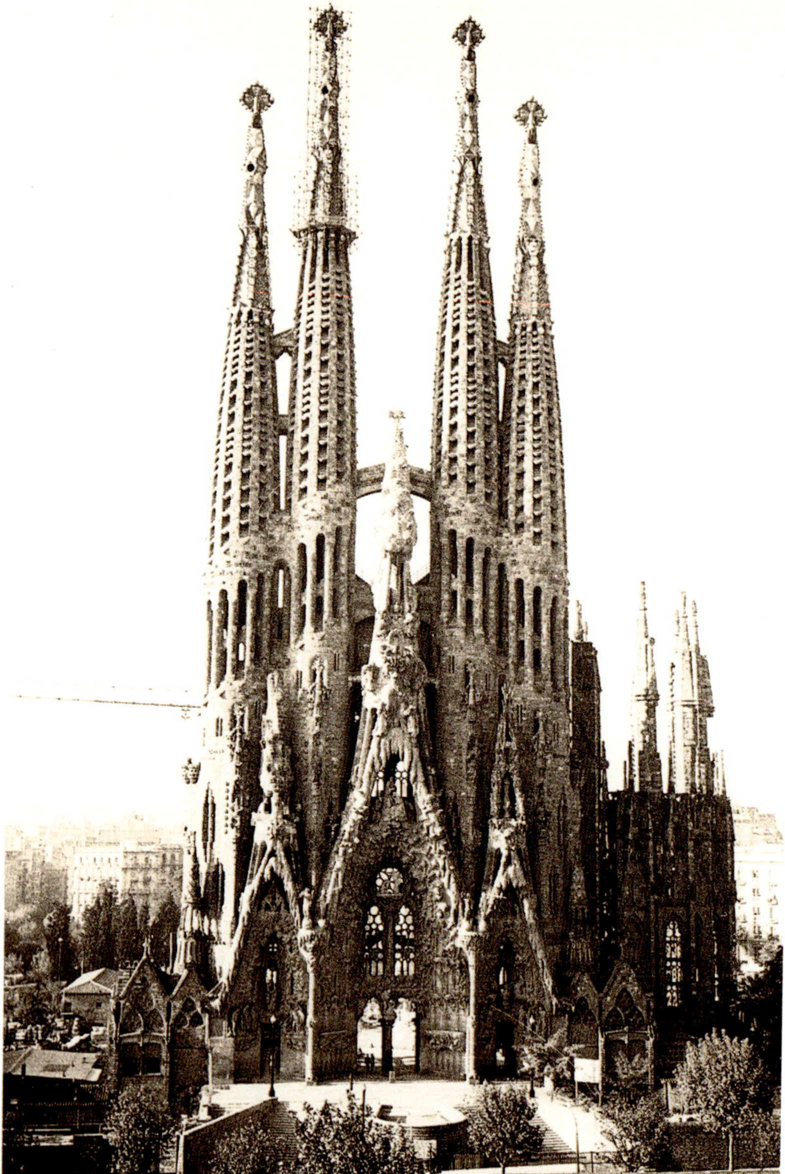

❖サグラダ・ファミリア教会（聖家族教会）を設計するにあたって、ガウディはゴシック様式に新しい生命を吹きこむべく日夜努力を続けた。彼はゴシック様式に魅せられていたが、その一方でゴシック様式は形式的すぎるという批判も持っていたからである。ガウディは、「3世紀にもわたって存続した建築様式を打ち破ることは、ひとりの人間にとって途方もない仕事である。しかし、だからといって、それに挑戦してはならないということはないだろう」と語っていた。

第 5 章

サグラダ・ファミリア教会

⇨サグラダ・ファミリア教会の模型——サグラダ・ファミリア教会のデザインは、ガウディの生存中、つねに変更が加えられていた。たとえば、彼ははじめ「誕生の正面」にたくさんのゴシック様式の小尖塔を立てようとしたが（右がその模型）、結局は左頁に見られるように、その計画を断念した。

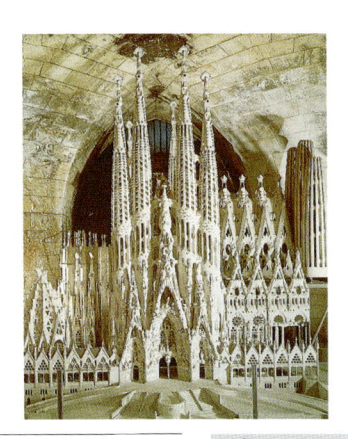

1883年の秋，ガウディは恩師マルトレールの推薦を受けて，サグラダ・ファミリア教会（聖家族教会）の2代目の建築家に就任した。もともとこの大聖堂は，書籍出版業者のホセ・マリア・ボカベーリャの発案によって建設が開始されたものだった。1865年の夏にコレラが流行したとき，ボカベーリャはカタルーニャの守護聖人であるサン・ホセ（キリストの父である聖ヨセフ）を信仰するサン・ホセ協会という信者団体をつくり，その後ローマへ巡礼して，バルセロナに聖家族へ捧げる聖堂を建設しようと決心した（聖家族とは，イエスとその両親であるヨセフとマリアを意味している）。

　1881年に信者からの献金が集まると，ボカベーリャはバルセロナのエシャンプラ（拡張地区）のはずれに土地を購入し，建築家ビリャールに聖堂の設計を頼んだ。ビリャールはネオ・ゴシック様式のプランをつくり，1882年のサン・ホセの祝日に工事が開始された。数カ月後には，地下礼拝堂の柱が立てられるところまで建設が進んだ。ところが，そのときビリャールとこの建築計画の補佐役だったマルトレールのあいだに意見の相違が生じ，ビリャールがサグラダ・ファミリア教会の建築家の職を辞してしまうという出来事が起こったのである。

⇧ホセ・マリア・ボカベーリャ——1905年，詩人のマラガールはサグラダ・ファミリア教会の起源について，次のようにのべている。
「古い町の薄暗い店の奥から，偉大な思想を持った非常につつましい男があらわれた。彼は，わずかばかりの献金をもとに，新しい大聖堂を建てようと考えた。その結果，いまなお野原である町はずれの地下で，輝かしい仕事がはじまったのである」
　この「つつましい男」こそが，書籍出版業を営むホセ・マリア・ボカベーリャだった。
　サグラダ・ファミリア教会の建設現場には，王族や政府の要人，建築を学ぶ学生など，大勢の人間が訪問し，ガウディからレクチャーを受けた。

⇖1915年7月にサグラダ・ファミリア教会の建設現場を訪れたスペイン教皇大使のラゴネシ枢機卿とバルセロナ司教を迎えるガウディ。

宗教生活の開始

　ビリャールのあとを継いだガウディは、以後、サグラダ・ファミリア教会の建設に全身全霊を捧げることになる。もっとも、この聖堂の建築家に就任したころ、彼はまだ31歳と若く、宗教にも無関心な人間だった。しかし家族の不幸が続いたり、サンタ・テレサ学院の建築主であるエンリケ・デ・オソー司教やアストルガ司教など、すぐれた聖職者たちと出会ったことによって、しだいに信仰心に目ざめていったものと思われる。そして晩年には、建築以外の世俗の出来事にはまったく関心を払わない、まるで苦行者のような芸術家となったのである。

　就任当初、ガウディは前任者であるビリャールによって進められていた地下礼拝堂の建設を続行した(⇨p.27)。しかし、すぐに彼は、ビリャールの伝統的な建築様式にもとづいたデザインを全面的に変更し、地下へ下りる階段を別の場所に移動させ、ビリャールの計画とは正反対の位置に祭壇を置いた。さらに、地下礼拝堂のまわりに堀をつくり、アーチ形天井の高さを増やし、柱のデザインも変えた。

　一方、聖堂本体の設計図は、ガウディの助手を務めていたルビオー(1870〜1952年)が、はるかのちの1915年になって描きあげ、1917年にようやく公表されている。しかし案自体は、1890年代初頭にはすでにできていたようである。それによると、外陣(信徒席)は中央の身廊とその両脇に側廊がふたつずつつくられた五廊式で、身廊にはラテン十字(十字の中央が少し上方にある十字形)の形になるように、交差廊が配置されている。身廊の長さは90メートル、幅は15メートル、高さは45メートルである。交差廊の幅は30メートルで、身廊との交差部には、170メートルの鐘楼が立てられる予定だった。

↓サグラダ・ファミリア教会の平面図——サグラダ・ファミリア教会の全体図がはじめて公表されたのは、1917年4月になってからのことだった。

　その12年後、つまりガウディが亡くなってから3年後に、彼が最後に描いたデッサンと彼の指揮下で制作された大きな模型をもとに、最終案がつくられた。それを見ると、サグラダ・ファミリア教会は基本的にはネオ・ゴシック様式の建物として構想されている。しかし、林立する塔や柱、パラボラ・アーチ、イエス・キリストや聖母マリアなどに捧げられた精巧な彫像のために、ネオ・ゴシック様式特有の無味乾燥さはまったく感じられない。

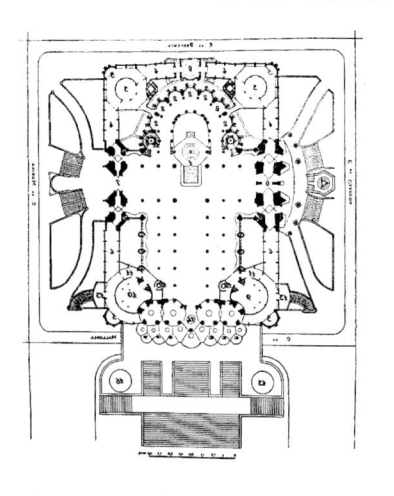

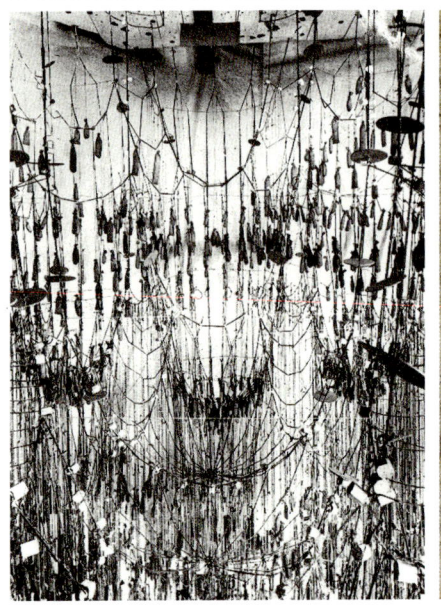

建物のバランスをとるための新しい方法

　弟子のベルゴスによると、ガウディはサグラダ・ファミリア教会の外陣（信徒席）の壁を設計するために、10年もの歳月をかけたという。彼は石膏模型を使って壁の構造を研究し、コローニア・グエル教会を設計するにあたっては、壁面に必要な強度を検討するために、上下さかさまの模型をつくってつりさげることもした。

　ガウディはゴシック様式に強く魅せられていたが、前任者のビリャールがネオ・ゴシック様式にのっとって聖堂の設計を行なったのに対し、ガウディは伝統的なゴシック様式に手を加え、いままで誰も見たことがない躍動感あふれる独自の様式をつくりあげたのだった。彼は、壁にかかる圧力で建物が倒れるのを防ぐためにゴシック様式でもちいられる、控え壁（主壁を支えて補強する壁）や飛び梁をなくすという大胆な方法を採用した。

　ゴシック様式について、ガウディはこう語っている。

◁コローニア・グエル教会のアーチ形天井の模型

↑その模型を写真に撮った上に描かれたガウディの水彩画——本文中にもあるとおり、この教会の天井を設計するためにガウディは、鉛の玉をつめた袋とひもをもちいた模型を制作した（この模型自体は現存せず、残されているのは写真だけである）。さらにガウディは、模型を写真に撮り、その上に水彩でアーチ形天井のデッサンを描いた。

「伝統的なゴシック様式は，死んだ様式である。それは，体のさまざまな部分をバランスよくつるすかわりに，骨格が支えなければならない肉の重みにつぶされて，あちこちに松葉杖が必要な人間にたとえることができるかもしれない」

　柱の研究に数年間をかけた結果，ガウディは次のような結論に到達した。まず，外側に置かれる控え壁のかわりに，内側に階段状の壁をつけて補強する。柱は内側に傾斜させ，その傾斜した柱の延長部分は尖頭アーチではなく，パラボラ・アーチにする。こうした工夫を組み合わせることによって，巨大なアーチ形天井にかかる圧力を支えることができるようになったのである。このようなデザインを採用した結果，外陣の外側が平面に近い形になり，奥まった場所に鐘楼をいくつも建てることができ，建物全体に空高く伸びあがるような印象が生まれた。さらに，らせん状のねじれ柱を利用することによって，建物内部に活気をあたえる効果も生まれることになった。

　ガウディによると，ねじれ柱に刻まれた溝は，「柱に生命をあたえ」「柱が自分の力で成長していく」ような印象をあたえるという。柱には木のように節があり，そこから上へ向かって枝分かれしていき，上部の柱はアーチ形の天井を構成する。その結果，たくさんのアーチ形の天井がつくられ，それらに荷重が分散される。聖堂内部は，まさしく広大な樹林と化し，柱と柱のあいだの開口部からは光がふりそそぐ。聖堂内は，林立する柱と，どこから差しこんでいるのかはっきりとはわからない光の効果によって，非常に神秘的な雰囲気につつまれるようになった。

⇧サグラダ・ファミリア教会の側廊の模型——さまざまな模型の制作が，サグラダ・ファミリア教会の地下の仕事場で行なわれた。

　上の写真は，1925年につくられたサグラダ・ファミリア教会の側廊（入口から祭壇にかけての中央部分である身廊の左右にある部分）の模型。サグラダ・ファミリア教会の外陣（信徒席）について，ガウディは「まるで森のなかにいるような」プランを考えていたようだが，樹木を思わせる柱が並ぶこの模型からも，その様子を想像することができる。

たくさんの彫像

ガウディはサグラダ・ファミリア教会に、3つの正面を設けた。つまり、東には「誕生の正面」を、南には「栄光の正面」を、西には「受難の正面」を計画したのである。それぞれの正面には、3つの門からなる大きな入口と、鐘楼の役割をはたす4本の塔が設計された。

ガウディの生前に完成したのは、このうちの「誕生の正面」だけである。朝日によって照らされるよう設計された「誕生の正面」は、イエス・キリストがこの世に姿をあらわしたことを象徴しており、そこにはイエス・キリストの誕生と幼少期を描いた装飾がほどこされていた。当時の写真がたくさん残されているため、「誕生の正面」を飾る彫像をガウディがどのように制作していったかは、はっきりとわかっている。

ガウディは、彫像をつくるために写真を駆使した。ピカソの友人でデッサン画家のリカルド・オピッソが、ガウディの助手として1892年から1900年に制作した写真集が残されている。またガウディは、生身の人間のほかに、ときには死者、植物、さまざまな道具などを型にとったり、鉄や真鍮で人間の模型をつくったりもした。

模型でも生身の人間でも満足できなかった場合、ガウディは

↑建設中のサグラダ・ファミリア教会の「誕生の正面」(1906年)——左手に見えるいくつかの彫像は、石膏でできた模型。ガウディはこうした模型を使って、最終的にどの場所へ彫像を配置すればよいかを研究していた。

彼は早くも1878年に、こういっている。

「彫像は、よく見える場所に置かなければならない。そうしないと、彫像は余計なものとなり、すべてを台無しにしてしまう」

彫像の型

　ガウディは、いわば手探りのまま、何年もかけて彫像の研究を行なった。彼はサグラダ・ファミリア教会の敷地内に仕事場を持っており (⇒p.90・91)、そのなかには彫像の型の保管庫もあった (⇒p.92・93)。

　保管庫には、聖堂の正面を飾る彫像のためにとられた型が、きちんと番号をふられて置かれていた。保管庫の梁には、彫刻家のロレンソ・マタマラが死んだ赤ん坊からとった型が、ずらりと並んでいた。そのほかに、植物、動物、生身の人間なども型にとられていた。

　当時25歳だったデッサン画家のリカルド・オピッソは、お告げの天使像のモデルになった。

「ズボン下だけの姿になると、ガウディは有無を言わせず私にポーズをとらせた。そして彫刻家のロレンソ・マタマラとラモンが、私の体に石膏を塗った。私はすぐに猛烈な腹痛におそわれて、そのまま気絶した」

（左頁）「受難の正面」のデッサン——これはガウディが事故にあった日、彼のポケットのなかにあったもの。

　本物の骸骨を使った。そうした骸骨を調達してきたのは、「誕生の正面」の装飾で活躍した彫刻家のロレンソ・マタマラの息子ホアンだった。ガウディがそこまで彫像のモデルにこだわったのは、サグラダ・ファミリア教会の彫像は、建物そのものと同じように構造が大切だと考えたからである。もちろん彼は、ただ本物そっくりの彫像をつくろうとしたわけではない。しかしモデルとなる人体のメカニズムや内部に秘められた力を、完全に理解したうえで制作する必要があるとガウディは確信していたのである。

　ガウディの死後、これらの模型は彼のあとを継いでサグラダ・ファミリア教会の建築家となったドメネック・スグラーニェスをはじめとする弟子たちによって厳重に管理された。しかし1936年7月20日、内戦によってサグラダ・ファミリア教会の敷地内にあったガウディの事務所は略奪され、焼失した。写真だけは

090

第5章　サグラダ・ファミリア教会

092

第5章 サグラダ・ファミリア教会

救い出されたが、多くの模型や文書が失われてしまったのである。「誕生の正面」のための彫像も、多くが被害を受けた。ガウディの遺骸は1926年6月12日にサグラダ・ファミリア教会の地下礼拝堂に埋葬されていたが、その墓も暴かれた。そのような混乱のなかで、「誕生の正面」を飾る4つの塔だけは、なんとか被害を免れたのである。

厳しい財政

よく知られているように、ガウディは1926年6月7日、教会のミサへ行く途中で市電にはねられ、その3日後に死去している。ガウディが死去したとき、サグラダ・ファミリア教会は、まだ完成にはほど遠い段階だった（現在でも建設中である）。これは時間が足りなかったというよりも、むしろ資金不足が原因だったと言えるだろう。ガウディの友人たちは深刻な財政難のために聖堂の建設が危ぶまれていることを嘆き、とくに詩人のマラガールはそのことを何度も新聞紙上で人びとに訴えかけた。

(右頁下)「誕生の正面」を飾るお告げの天使

↑そのモデル──ある日ガウディが司教と話をしていたとき、若い兵士たちがラッパを吹く練習をしていた。彼は兵士たちに、静かにしてくれるよう頼んだ。しかし機嫌を損ねた兵士たちは、ガウディの頼みを断った。

結局司教が仲介に入り、騒ぎは収まった。その後ガウディは、「驚くほど巧妙に彼らを説得し、ラッパを吹く天使たちのモデルにした」という。

資金を調達するために、ガウディは文字どおり人びとにほどこしを求めた。友人たちが町で彼の姿を見かけると道を引き返してしまうほど、彼らにしつこく寄付を要求したのである。その結果、ガウディはかなりの額の資金を手に入れたが、それでも第1次世界大戦の直前までに、3万ペセタもの赤字を出してしまうのである。さらに戦争が始まると、職人の数が全部で6〜7人になってしまい、工事の続行はさらに困難なものとなった。

　こうした状況を受けて、サグラダ・ファミリア教会の建設委員会は、いささかデリカシーには欠けるが賢明な提案を、ガウディに対して行なった（この建設委員会は、サグラダ・ファミリア教会の建築主であるボカベーリャが亡くなってから3年後の1895年に、バルセロナ司教によって設立されたものだった）。そのころガウディはすでに60歳を過ぎていたため、もし彼が死んでも聖堂の建設が続行できるよう、建物の正確な模型をつくってほしいという依頼だった。こうして模型がつくられることになったが、1936年の内戦でその模型は破壊された。内戦後ふたたび建設が開始されたが、やはり財政不足で工事ははかどらなか

↑ガウディの風刺画——これは、ガウディが亡くなった年に描かれたもの。事故にあったとき、ガウディはあまりにもみすぼらしい身なりをしていたため、浮浪者とまちがえられたという。

った。1985年に建築家のボネットが指揮をとるようになって以来,工事のスピードはかなり速まっているが,それがいつ完成するかは誰にもわかっていない。

「彼は決して既知のことをくりかえしはしなかった」（スペインの建築家リカルド・ボフィール）

　ガウディは生涯をかけて,サグラダ・ファミリア教会（聖家族教会）の建設にとりくんだ。しかしそれと並行して,ほかにもたくさんの仕事を残している。専門家のなかには,サグラダ・ファミリア教会以外にガウディが手がけた作品はすべて,サグラダ・ファミリア教会の建設中に起きた問題を解決するための,いわば実験としてつくられたものだったと主張する人もいる。それはやや大げさだとしても,サグラダ・ファミリア教会とほかの作品とのあいだに,あきらかに多くの接点があることも事実である。

　最後に,これまではとりあげてこなかったふたつの作品のなかに,そのような接点を探ってみることにしよう。地下礼拝堂だけが建設されたコローニア・グエル教会と,計画だけで終わったニューヨークのホテルの設計である。

　1890年,エウセビオ・グエルは,バルセロナから西へ数キロメートルのサンタ・コローマ・デ・セルベリョに,ビロード工場をつくった。そして1892年には,そこにコローニア・グエルという名の工業コロニーを建設し,労働者の住宅地とした。1898年,この住宅地のためにグエルはガウディに教会の設計を依頼した。しかし1918年にグエルが亡くなったため,教会の建設は未完成に終わってしまったのである。

　この教会の設計のため,10年ものあいだガウディは有能な助手のフランシスコ・ベレンゲール（1866～1914年）の協力を得て,途方もない模型（⇒p.86）を制作した。その模型は,鉛の玉をつめた袋とひもでつくられていた。ひもに袋をつるすと袋の重力がひもにかかるので,できあがった模型を写真に撮ってさかさまから見れば,袋の重さに相当する荷重を受けたアーチ

↑1920年代初頭の建設風景──サグラダ・ファミリア教会を空から見ると,その並外れた大きさがよくわかる。そして,この壮大な建物が,「聖なる山」というモチーフにつながっていることが感じられる。

　1870年にチフスが流行したとき,サグラダ・ファミリア教会の建築主であるボカベーリャをはじめとするバルセロナの人びとは,バルセロナの北西に位置するモンセラート山に避難した。聖母マリアの聖地があったこの「聖なる山」は,サグラダ・ファミリア教会の発想の源泉となったとされる。

第5章　サグラダ・ファミリア教会

↓1936年に火災で焼けたガウディの仕事場——この火災で，ガウディの仕事場内に保管されていた石膏模型は焼失した。その後建築家ボネットは市の協力を得て，模型の破片を集めて修復した。

スペイン内戦後，1938年に亡くなったドメネック・スグラーニェスのあとを継いだフランシスコ・キンターナのもとで，ロンドンの銀行に預けてあった100万ペセタを資金に，地下礼拝堂の再建がはじまった。現在では，この地下礼拝堂で儀式が行なわれている。

形天井の曲線や柱の傾き具合がわかる。この模型のおかげで，建物を支えるパラボラ・アーチ（放物線アーチ）形の天井と傾斜柱に継ぎ目ができないようにするには，どのような構造にすればよいかがあきらかになった。

サグラダ・ファミリア教会の事務所内で制作されたこの模型は，結局はコローニア・グエル教会の地下に設けられた礼拝堂のために使われた。地下礼拝堂の中央には，玄武岩でできた4本の傾斜柱と後陣に相当する壁で支えられたレンガ製のアーチ形天井がつくられた。そのまわりには，野外に開かれたU字形の周歩廊がめぐらされた。周歩廊に配置された11本の傾斜柱は，それぞ

097

れ形も質感も違う材料でできており，礼拝堂をとりまく松林にうまくとけこんでいる。そしてガウディがコローニア・グエル教会で駆使したこのような技術は，サグラダ・ファミリア教会のパラボラ・アーチ形の天井をつくるために役だったのである。

　もうひとつの例を見てみよう。1908年，ふたりのアメリカ人実業家が，ガウディにニューヨークのホテルの設計を依頼した。この計画に関する資料は数枚の設計図（⇩）しか残されていないが，コローニア・グエル教会と同じ系統に属する建物であると同時に，波打つ外壁はカサ・ミラに似ており，空高く伸びあがるようなパラボラ・アーチ形の塔はサグラダ・ファミリア教会の塔を思わせる。この高級ホテルは，マンハッタンのはずれにある公園のなかに建設される予定だった。もし計画が実現していたら，かなり遠くから見ることのできる巨大な建物となったはずである。

　ガウディは助手のベレンゲールと彫刻家のマタマラとともに，パリのエッフェル塔よりも少し高く，約20年後に建てられることになるエンパイア・ステート・ビルディングよりも少し低い，高さ310メートルにもおよぶホテルの設計案をつくった。中心の

⇧コローニア・グエル教会のデッサン——ガウディはこの教会を，村の中心部ではなく，住宅街を見下ろす高台に建設しようと考えた。住宅街から教会へは，パラボラ・アーチ形の橋を通って行くようになっていた。

　この教会は，たんに人びとの信仰心を満たすための建物ではなかった。中央のドームをかこむように，セラミックでおおわれたいくつものドームが配置されたこの建物は，村のほかの建物や近隣の工場をはるかにしのぐ巨大建造物となる予定だったのである。

⇦ニューヨークのホテルの設計図。

塔とそのまわりに並ぶ11の塔は、すべてパラボラ・アーチ形をしている。カサ・ミラのような波打つ外観の小さな塔以外、外壁は色大理石で飾られる予定だった。このときもしガウディが現地へ行って建設に立ち会ったなら、鉄というアメリカの新しい建築資材との出合いによって、ガウディはまた新たなる境地を開いたにちがいない。しかし、おそらく健康状態が理由だったのだろう。ガウディがニューヨークへ赴くことはついになかった。

とはいえ、この巨大ホテルの設計は、サグラダ・ファミリア教会の最終的な模型をつくる際に大いに役だったし、逆に、長い年月をかけて練りあげられたサグラダ・ファミリア教会の設計案も、このホテルの設計に生かされたといえる。

建築史上、サグラダ・ファミリア教会に匹敵する建物はおそらく存在しない。ガウディが「地中海式ゴシックのギリシア風聖堂」と呼んだサグラダ・ファミリア教会には、古代の神話とキリスト教の驚異がとけあった、夢のような叙事詩が刻まれているのである。

⇩コローニア・グエル教会の地下礼拝堂の外壁と窓——この窓には、鮮やかな色ガラスが花形に配置されていた。窓の外側は、内側の色ガラスと調和するように、光り輝く破砕タイルで縁どられている。

(次頁) サグラダ・ファミリア (聖家族) 聖堂の現在の建設現場——生前のガウディは、自分が死んだのちも聖堂の建設は続けられると、くりかえし語っていた。その言葉どおり、現在もなお、工事は継続されている。

100

資料篇

ガウディがのこしたもの

１ ガウディの作品マップ

バルセロナの景観はアントニオ・ガウディの登場によって一変した。彼の数々の作品によってバルセロナの町は「ガウディの巨大な展示場」とも思えるほど，今なお強烈な印象を与え続けている。下の作品のほとんどは，政府鉄道もしくは地下鉄で巡ることができる。

① コローニア・グエル教会 (→p.86.98.99)
② グエル別邸（ガウディ記念講座本部）(→p.28.34〜36.38.39)
③ ミラーリェス邸の門
④ サンタ・テレサ学院 (→p.44.46〜49)
⑤ ベリェスグアルド (→p.10.11.53.54)
⑥ カサ・ビセンス (→p.29.32.33)
⑦ グエル公園 (→p.6.7.63〜69)
⑧ カサ・ミラ (→p.8.9.78〜81)
⑨ カサ・バトリョ (→p.62.70〜76)
⑩ サグラダ・ファミリア
   (→p.5.27.82.83.85.87〜93.96.97)
⑪ カサ・カルベット (→p.55〜57.60.61)
⑫ ボカベーリャ家祭壇
⑬ グエル邸 (→p.41〜43.58.59)
⑭ レアール広場の街灯 (→p.23)
⑮ シウダデーラ公園 (→p.24.25)

[1] ガウディの作品マップ

- ⑤ベリェスグアルド
  ↑約1.5km
- ナンタ・テレサ学院
- ⑦グエル公園
- ガウディ博物館
- カタルーニャ政府鉄道
- アウグスタ通り
- ⑥カサ・ビセンス
- 地下鉄4号線
- 音楽博物館
- ランブラ・カタルーニャ通り
- ⑧カサ・ミラ
- グラシア通り
- ⑩サグラダ・ファミリア
- ⑨カサ・バトリョ
- ディアゴナル通り
- モヌメンタル闘牛場
- グラス・コルツ・カタラナス通り
- ⑪カサ・カルベット
- ⑫ボカベーリャ家祭壇
- カタルーニャ広場
- サン・ジュセップ市場
- ⑮シウダデーラ公園
- リセウ・オペラ劇場
- ゴシック街
- ピカソ美術館
- ⑬グエル邸
- ランブラス通り
- コロン通り
- ⑭レアール広場の街灯
- フランス駅
- 近代美術館
- 海洋博物館
- コロンブスの塔
- バルセロナ港
- 地中海

2 さまざまな解釈

ガウディの生存中,彼の作品を評価していたのは,スペイン人だけだった。多くの芸術雑誌で紹介されたにもかかわらず,彼の作品が外国で批評の対象になることは,ほとんどなかったのである。たとえば1910年には,パリで国立美術協会によるガウディ展が開催されたが,人びとはあまり関心を示さず,バルセロナまで出かけてガウディの作品を分析しようと考える外国の建築家は,誰ひとりとして存在しなかった。

1910年の展覧会に関するマスコミの酷評

人びとは,バルセロナのアントニオ・ガウディ氏が出品した模型の数に恐れをなしている。模型のなかにはミニチュアもあり,原寸大のものもある。そのうえ,彼が手がけた多数の作品に関する写真も山のように展示されている。

われわれフランス人のなかで,これほど数多くの作品を制作する建築家はまずまちがいなく存在しないだろう。しかし,おそらく,これらはすべて建築ではないと断言できるだろう! かなり不正確ないくつかの線画と(略)何枚かの設計図をのぞいては,建物の図版や図面はまったくなく,模型と写真ばかりが展示されているのである。
(略)

ガウディ氏の作品のほとんどは,大きなカーテンで閉ざされて電気で照らされた特別な部屋のなかに展示されている。それを見てすぐに思い浮かぶのは,縁日に立つ小さな見世物小屋である。(略)あの,部屋のなかに入るためには追加料金を払わなければならない小屋だ。

幸運なことに,この展覧会では,ガウディ氏の特別室へ入るための追加料金はいっさい必要ない。しかしこの部屋のなかには,みだらなものもないかわりに,これといってすばらしいものもないのだ!

正面を,けばけばしいさまざまな色で飾った巨大な模型を見ると,バルセロナにあるこの「サグラダ・ファミリア(聖家族)教会」のような建物を,どのようにしたら建てることができるのか疑問に思う。しかし,この建物が本当に存在するのかという疑いをいだいても,建設中の写真を見せられれば,その疑問は一掃される。

それは,ダホメ(アフリカ西部の国)の建築物なのだろうか。いや,それにさえ,およばない! せいぜい,氷菓子の建物だ。この奇妙な作品をイメージしたければ,ガルガンチュア(フランスの作家ラブレーの作品に登場する人物)の食卓に出てくるようなものを想像すればよい。しかし,私はその味見などしたくもない! それらの色は,私にとって価値のあることをなにも示していないからである。

フランシスコ・バリェスによるサグラダ・ファミリア教会の完成図のデッサン。

J.ゴドフロア
『建築』所収
国立美術協会（1910年7月7日）

ある詩人の見方

フランスの詩人アポリネールは，1910年と1914年に，ガウディの作品に対する正反対の見解を示している。

カタルーニャの建築家ガウディ氏の，大規模な展覧会が開催された。しかし，わが国の建築家たちは，彼の気まぐれからインスピレーションを得ることはできないだろう。

国立美術協会が関心を持った理由のひとつと思われる彼の装飾芸術は，率直に言って趣味が悪いものである。

ギヨーム・アポリネール
「グラン・パレの散策を終えて」
『ラントランシジャン』所収
（1910年4月19日）

アントニオ・ガウディ氏は，みずからの作品でバルセロナの風景を一変させたカタルーニャの建築家である。彼はきわめて個性的な近代建築家のひとりといっていいだろう。彼はほかのなによりも，テラスや屋根にほどこした装飾によって，バルセロナの町に騒然とした活気をもたらした。それは，いわゆる近代建築の多くが失ってしまったものといえる。

カサ・ミラは，彼が完成させた作品のなかで，とりわけ完璧で感じのよいもののひとつだと思う。

パリにおいてもこの建築家の存在が知られることは，よいことだと思う。次回の秋の美術展は，ウィーンの偉大な建築家をよぶことになっているが，ガウディ氏やカタルーニャの建築家たち，そしてチェコの建築家たちやアメリカの摩天楼の建築家たちも，われわれに紹介すべきだろう。

ギヨーム・アポリネール
『ラントランシジャン』所収
（1914年7月14日）

ル・コルビュジエからの賛辞

フランスの建築家ル・コルビュジエ（1887〜1965年）は、1928年の春にスペイン旅行をした。そのとき彼はガウディの作品を見て、サグラダ・ファミリア教会付属小学校のデッサンをのこしている。

われわれはシッチェス（バルセロナの南）へ向かっていた。その道中で、私は一軒の近代的な家に好奇心をいだいた。ガウディの作品だ。そして帰路、「（バルセロナの）グラシア通り」で、大きな建物に目をすいよせられた。（略）さらに向こうには、「サグラダ・ファミリア教会」があった。こうして「ガウディという事件」が、われわれの目の前に姿をあらわしたのである。

そこに「紀元1900年の感情」の蓄積を見た私は、彼に対する激しい興味を感じた。1900年というのは、私が芸術に目を開いた時期なのである。だから、私はその時期に特別な感情をいだき続けてきた。

「石けん箱」（ラ・ロシュの家、ガルシュの家、ヴィラ・サヴォア）の建築家である私の態度は、そのとき友人たちを狼狽させた。1900年と「石けん箱」をくらべようというのか……。しかし、そのようなことは、私にとって問題ではなかった。バルセロナにあったもの——ガウディ——、それは力の男、信仰の男、建築家としての全生涯で示した非凡な技術的才能をもつ男の作品だった。きわめて巧みな設計図にもとづいて、自分の目の前で石を切らせた男の作品だった。

ガウディは、「1900年をつくった」建築家である。彼はプロの建築家で、石と鉄とレンガの建築家である。現在彼の栄光は、彼の祖国で輝きはじめている。

ガウディは偉大な芸術家だった。芸術においては、人びとの繊細な心に触れることができる者だけが生きのこり、その名をとどめることができる。しかしそのような芸術家たちは、そこにいたるまでの道のりのあいだに、激しくののしられ、理解されないことに苦しみ、いまふうの罪を背負わされる。ところがその芸術家の高尚な意図が広く知られるようになると、彼らの建築の意味があきらかになり、導火線のもとに集まっていたすべての問題（構造、経済性、専門性、利用法）に打ち勝つ。それまでに費やされた無限の精神的営為のおかげで、彼らは勝利をおさめるのである。

建築は、それをつくる人間の性格の産物なのだ。厳密に言えば、その人間の性格の表現なのである。

シャルル＝エドゥアール・ジャンヌレ、
通称ル・コルビュジエ
『ガウディ』序文
（1957年に執筆）からの抜粋（1967年）

※上記の『ガウディ』序文は1957年に執筆されたもので、1929年当事のル・コルビュジエはガウディの作品を「バルセロナの町の恥」と評していた。

哲学者と建築家

「パントロヒア（全体理論）」という哲学体系の創始者である，カタルーニャの哲学者フランセスク・プジョルス（1882年バルセロナ生まれ）は，ガウディの作品に神秘的で難解な解釈を加えたエッセイを1927年に発表した。もっともほとんどのガウディの弟子たちは，その解釈に否定的だった。

バルセロナの大きなオルガン

この偉大なる建築家のことを，人びとはまさしく的確に，「石の詩人」と呼んだ。同じように，彼を音楽家と呼ぶこともできるだろう。ガウディは建築という芸術特有の「静寂の音楽家」であり，独創的な方法で石や壁の角を切りとりながら歌をうたう「風の音楽家」である。その歌は，ガウディと同時代に活躍し，現在は姿を消しつつあるほかの近代建築家たちの建物とは，まったく違う響きを持っている。

われわれはまた，彼を彫刻家と呼ぶこともできるだろう。彼は，有機物の形態はとっているがその本質は無機物である彫刻を，建築にとりいれるだけでは満足せず，みずからの作品の全体でも細部でも（とくに後期の作品では），その構想そのものに有機的な性質をあたえるために役立っているのである。

この偉大なる建築家を，画家と呼ぶこと

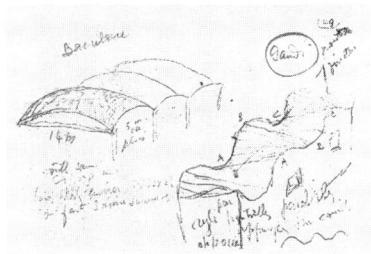

上は，1909年から1910年にかけて，サグラダ・ファミリア（聖家族）聖堂の敷地内にガウディが建てた小学校。壁と屋根が波打っている。

下は，フランスの建築家ル・コルビュジエのクロッキー。本中にもあるように，1928年にバルセロナへ旅行したとき，彼はガウディに強い関心を示している。

もできるだろう。聖堂全体をさまざまな色で飾ろうとしたからという理由だけではなく，そうした色が，まるで口のなかで砂糖がとけていくように，まなざしのなかでとけあっていく純粋かつ繊細なものだからである。

この偉大なる建築家は，よく言われているように，生涯を通じてギリシア美術を高く評価した数少ない人物である。そして彼はわれわれに，サグラダ・ファミリア教会

のような偉大な建物をのこしてくれた。この近代的な聖堂は、おそらくけっして完成することはなく、この建物が建っているカンプ・デ・ラルパ地区の静けさを脅かし続けることだろう。

この聖堂の門を、ガウディは具体的であると同時に象徴的な言葉で呼んだ。(略)まず側面の門を、彼は「誕生の門」と名づけた。そしてその反対の正面は「死の門」、聖堂の正門は「復活の門」になるはずだった。(略)

アール・ヌーヴォーにおける支配欲

ガウディのスタイルについて語ることにしよう。ガウディの、異常で奇抜なスタイルによってつくられたバルセロナの都市は、グエル公園やカサ・ミラやサグラダ・ファミリア教会のように、異常で奇抜な道や広場や建物や公園などによって、やはり異常で奇抜な都市となった。しかしその都市が、あらゆる近代都市のなかで、もっともいきいきとした美しさを持っていることも疑う余地がない。

ほかの近代都市はみな、科学的、機械的、数学的に建設された都市である。この科学の時代に、伝統的な形式主義以外の美しさを求めなかった都市である。それに対して「ガウディの」都市は、寒気がするほど途方もないものだといえる。(略)

この近代という時代には、古風な型どおりの規範を守っていたために失ってしまった美の要素を再発見するために、詩、音楽、絵画、彫刻のジャンルにおいて改革が行なわれた。この4つの芸術分野はみな成功を収めたが、建築というジャンルにおいては、まるでガウディがたったひとりですべてをなしとげたようにも見えるのである。

ガウディと同じく19世紀に活躍した、ドイツの作曲家ヴァーグナーとフランスの画家セザンヌは、それぞれ伝統的なものとされてきたイタリア音楽とイタリア絵画の規範を打ち破り、新しい音楽的ヴィジョンと絵画的ヴィジョンを人びとに提示した。彼らのほかにも、音楽の分野ではオーストリアのヨハン・シュトラウスやロシア生まれのストラヴィンスキーが、絵画の分野ではスペイン生まれのピカソが同じことをしていた。

詩と彫刻の分野でも、彼らの模倣者たちが次々とあらわれた。しかしこのふたつの分野では、それまでの規範を解体しようというような積極的な活動は見られず、近代芸術の実験的試みを最初に行なった音楽と絵画における前例や教訓を見習うだけにとどまった。(略)

芸術の歴史をとおしてすでにわれわれが知っているように、原始文明の時代における、当時の人びとの情熱的な芸術作品は、ゆがみを持つ奇怪なものだった。

しかしわれわれが言いたいのは、未開の人びとはたしかに彼ら自身のやり方で、自分たちの芸術様式をつくりあげていたということである。たしかに彼らは、いろいろ

な意味で無知であった。しかしそのために，たとえば現代の無邪気な子どもたちの絵画やデッサンや文章などと同様に，無知に由来するゆがんだ原始芸術には，非常に力強い生命感にあふれた美しい表現が満ちあふれているのである。

これと同じような力を，今日でも芸術家たちは追い求めている。彼らは自分の都合にあわせて，さまざまなものを徹底的に破壊し，同情心のかけらもなく，それらをねじ曲げてしまう。(略)

ヴァーグナーとヨハン・シュトラウスとストラヴィンスキーは，原始文明の時代の芸術に対する考え方に立ちもどり，当時の芸術の激しさにできるだけ近づこうとすることによって，音楽の新しい表現形式を探求しようとした。

彼らは極限にまで突き進もうとした。すでにのべたことだが，ヴァーグナーはイタリア音楽の標準的な枠組みをゆがめ，ヨハン・シュトラウスは音の鋭さと響きを前面にだし，ストラヴィンスキーはメロディーとハーモニーを徹底的に打ち砕いて聴衆の心を揺さぶった。セザンヌは人物と風景をゆがめることによって，絵画の生命感を高めようとした。

画家のピカソも，天才的な巧妙さで人物と風景にゆがみをあたえた。彼は幼年期と少年期を両親（彼らはカタルーニャ人ではなかった）とともにバルセロナで過ごした。しかし，20歳になる前にパリにわたって，その地で華々しい成功を収めることになる。

一方，そのあいだガウディのほうは，石のように沈黙し，なにも語っていない。(略)彼はバルセロナを離れることなく，ヴァーグナーもヨハン・シュトラウスもストラヴィンスキーもセザンヌも，そしてピカソさえも知らなかった。

ガウディが彼らのことを知らなかったのと同様に，彼らもまたガウディのことを知らず，ガウディが誰であるかも知らなかった。そういうわけでガウディとカタルーニャは，バルセロナから外に出て，近代芸術の世界的な舞台に姿をあらわすこともなく，建築というただひとつの分野で，われわれの時代の熱狂に参加していたのである。

ガウディは，ヴァーグナーやセザンヌなどとは違い，たったひとり，バルセロナで，どこにも先例がない状態で革命を開始した。(略)

われわれは，地図のうえにカタルーニャを位置づけることができるように，芸術史のなかにカタルーニャを位置づけることができる。それはガウディの功績だ。ほかの国やほかのジャンルの天才たちが，自分たち以前の芸術家たちの努力をまとめあげて完成させたことを，ガウディは自分ひとりの才能だけを頼りになしとげた。そのガウディの姿を，われわれは芸術の歴史のうえに，はっきり見ることができるのである。

フランセスク・プジョルス
『ガウディの芸術的・宗教的ヴィジョン』
バルセロナ，カタルーニャ（1927年）

3 シュールレアリストたちの賛辞

　ガウディの建築は,純粋幾何学の範囲に収まることなく,想像の世界を呼びさますような「生きているもの」の形と密接なつながりを持っている。そのため,ガウディの建築をはじめて再評価したのが,非合理の世界や意識下の世界を表現することを重視したシュールレアリストたちであったことは,いわば当然のことだといえるだろう。

　ガウディが亡くなって7年後の1933年12月,創刊されたばかりの雑誌『ミノトール』に,シュールレアリスムを代表するスペイン生まれの画家サルバドール・ダリ(1904〜1989年)の「アール・ヌーヴォー建築の恐ろしくも可食的な美について」と題された有名な文章が掲載された。

　1920年代にはじまった芸術運動であるシュールレアリスムの機関誌には『革命に奉仕するシュールレアリスム』があったが,それが休刊したあと,シュールレアリスム運動は宣伝や発表の場を失っていた。しかし,スキラが新しく美術雑誌『ミノトール』の発行を決めると,シュールレアリストたちは続々とこの雑誌に関心を向け,『ミノトール』誌はたちまちシュールレアリスム運動の機関誌としての地位を確立した。

　資金が豊富な『ミノトール』誌は,読者の視覚に訴える図版を数多く誌面に載せることができた。それを見事に利用したのが,ダリである。上記のダリの文章は,ふたりの建築家,いわゆる「アール・ヌーヴォー(新芸術)」(1890〜1910年ごろにヨーロッパ各国で広く開花した芸術様式)の代表的存在とされるスペインのアントニオ・ガウディと,フランスのエクトール・ギマールに対する熱烈な賛辞である。

　フランスの画家マルセル・デュシャン(1887〜1968年)のすすめで,ダリはこの文章に添える写真を,アメリカの写真家マン・レイ(1890〜1976年)に依頼した。しかしこの場合,文章に写真を「添える」と

いう言葉はふさわしくないかもしれない。文章と写真はあまり関連性を持っていないからである。事実，グエル公園やカサ・バトリョやカサ・ミラに関するマン・レイの写真は，参考資料としてはまったく役にたたない。撮影箇所の選び方，照明，カメラアングルなどが，建築写真という分野で普通はまず採用されないほど主観的だからである。

　シュールレアリスムの考え方によると，写真は文章と同じ「言葉」を表わすものなので，写真と文章のどちらが表現としてすぐれているかを判断するのは難しいのである。

　マン・レイのヴィジョンに刺激を受けたのか，彼の写真にダリは説明文を書いている。その説明文は，非常に味わいのある文章であることを指摘しておこう。たとえば，（グエル公園の）柱廊入口にある門の複製については，こう書かれている。「子牛の肝臓でできたやわらかい門から，洞窟のなかに入っていく」。また彼は，柱廊の内部を「巨大な神経症」と名づけ，テラスを縁どる破砕タイルでおおわれたベンチは「多彩色ののどが波打つ極上の神経症」という表現で言いあらわした。ダリの目には，カサ・ミラの正面は「海の化石化した波」，バルコニーのひとつは「錬鉄製の泡」のように思われた。カサ・バトリョに関しては「骨がおもてにあらわれた」と解説している。

　あるいはダリがマン・レイの思いをくみとって写真に説明を加えたのではなく，マ

グエル公園の多柱室の天井にある円形装飾を頭部から発する光に見立てたサルバドール・ダリの写真。

ン・レイのほうがダリの考えにできるだけ忠実な写真を撮ろうと被写体に向かったのかもしれない。しかし，それがどちらかを判断することはできない。いずれにせよ，『ミノトール』誌に掲載されたこの記事は，アール・ヌーヴォーとシュールレアリスムの関連性を示す重要な証拠だといえる。

　同じ号のなかで，フランスの詩人でシュールレアリスム運動の創始者アンドレ・ブルトン（1896〜1966年）も，霊媒現象にもとづくデッサンを発表し，「自動メッセージ」と題された文章のなかでアール・ヌーヴォーとシュールレアリスムの関連性について述べている。「これらふたつの表現様式が示す同じような傾向には（略），誰もが強い印象を受けるはずである。おもわず私は，霊媒現象にもとづくデッサンや絵画や彫刻な

どの芸術における近代様式，あるいは一般化と適応の試みとはなんだろうかと，たずねたくなる」。

数年後，似たような考え方をもとにした展覧会がニューヨークの近代美術館で開かれた。「幻想芸術，ダダ，シュールレアリスム」と題されたその1936年の展覧会を企画した館長のアルフレッド・H・バーは，そこでアール・ヌーヴォーの作品も紹介している。このようにアール・ヌーヴォーとシュールレアリスムの関連性は早い時期からシュールレアリストたちによって主張されてきた。そして30年後には，美術史家たちによって（あいかわらず何人かの例外はあったにせよ），認められるようになったのである。

こうした流れを見てくると，フランスの詩人で美術評論家でもあるジャン・カスー（1897〜1986年）が，シュールレアリストたちの解釈について言及しなかったことは不思議である。彼は1960年11月にパリの国立近代美術館で開かれた「20世紀の源」展を企画し，その展覧会でアール・ヌーヴォー研究に人びとをいざなったのだから。

一方，ロジェ＝アンリ・ゲランは，執筆したのはその少し前だが1965年に出版した著書『ヨーロッパにおけるアール・ヌーヴォー』のなかで，ガウディを扱った章でダリの解釈に触れている。そればかりか，シュールレアリスム運動の主要メンバーのひとりであるフランスの詩人ルイ・アラゴン（1897〜1982年）に序文を依頼している。

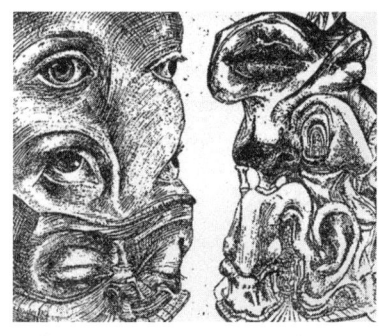

ダリがガウディの作品を発見した時期に描いた「建築デザイン」という作品。「たえずつきまとう目」というテーマは，アルフレッド・ヒッチコック監督の映画『白い恐怖』（1945年）でダリが演出した，記憶喪失の主人公の夢のなかにも出てくる。ガウディの建築は，オスカー・ワイルドの戯曲をピエール・コラルニックが映像化した『サロメ』（1969年）の舞台装置としても使われたし，またミケランジェロ・アントニオーニ監督の映画『さすらいの二人』（1975年）にも登場している。

アラゴンはその中で，アール・ヌーヴォーに対するシュールレアリストたちの関心を立証し，ダリをアール・ヌーヴォーの「洗礼者ヨハネ」（イエス・キリストの先駆者）と呼び，彼が先駆者としての役割をはたしたことを認めている。

当のダリは，ガウディの芸術に関する解釈をさらに続けていた。1968年に，彼はロベール・デシャルヌの見事な著書である『幻視者ガウディ，ガウディの芸術的・宗教的ヴィジョン』（邦題『ガウディ――芸術的・宗教的ヴィジョン』鹿島出版会）――この本には，写真家クロヴィス・プレヴォーによるすばらしい写真が多数掲載されている

昔のカサ・ミラの屋上の写真。

——のまえがきを書き，そのなかでガウディの才能にまったく近づくことができなかった者，あるいは近づくことが禁じられた者の特徴を列挙している。

「戦闘的なヴィジョンを見なかった者たち。装飾的な精神の高揚感による骨ばった構造と生きている肉に触れなかった者たち。色彩のきらめく半音階の甲高い音，オルガン塔の高らかな多声音楽，変化する装飾的な自然主義のぶつかりあいを聞かなかった者たち。きわめて想像的な悪趣味を味わわなかった者たち。そして聖性の香りを感じなかった者たち」。

ダリがガウディの作品を称賛するようになったのは，1928年以降，彼が「偏執狂的批判的方法」と名づけた方法を編み出したときと一致している。「偏執狂的批判的方法」とは，自分自身のなかに精神の高揚を引き起こし，しかもその状態に屈することなく，高揚感を表現するという手法である。

芸術家の想像力は，つねに過度の興奮状態のなかに存在しなければならない。そこでは「自動記述（オートマティスム）」とは異なり，思考の積極的な過程が重要視されている。「自動記述（オートマティスム）」とは，フランスの詩人でシュールレアリスム運動の創始者アンドレ・ブルトンらが開始した，理性を廃して意識下の世界を書きとる方法のことを言い，本質的には受け身の方法である。

ダリは自分の手を「自動記述（オートマティスム）」にゆだねることを拒み，主観的

スペイン北東部のクレーウス岬の岩の上に寝そべったダリと、サグラダ・ファミリア教会の「誕生の正面」を飾る彫刻の一部を合成した写真。ロベール・デシャルヌ作。

なイメージを自発的に出現させ、形成させようとした。このイメージがあらわれたとき、芸術家はそれを形に残るよう表現しなければならない。ブルトンと同様に、ダリもアール・ヌーヴォーの作品とシュールレアリスムの作品が似通っていると考えた。しかし、その類似性が「自動記述（オートマティスム）」から生まれたのではなく、そこにまったく別の意味を見いだしたのである。

では「偏執狂的批判」は、いったいなにをつくりだすのだろうか。それはさまざまな具象芸術において、「凝固した欲望を本当に具現化したもの」(「腐ったロバ」、『革命に奉仕するシュールレアリスム』第1号、1930年7月所収)である、しつこくつきまとうイメージをつくりだす。ダリはこのイメージを、「幻影」と名づけた。「偏執狂的考えによって突然あらわれる新しい幻影は、ただたんに無意識に起源を持つのではなく、無意識に働きかける偏執狂的なエネルギーの影響力にも起源を持っている。偏執狂は外界を利用してしつこくつきまとう考えを増幅させ、心を乱す特別な方法で、その考えの真実性をほかの人びとに納得させようとする」。

つまり、「偏執狂的現象」とは、夢と非常に似たものなのである。夢は、アール・ヌーヴォー全般、とりわけガウディの作品を解釈するためにダリが示した3つの鍵のひとつである。残りのふたつは、性的な欲動の昇華と、幼児期神経症だとダリは言う。

このような解釈は、フランスの精神分析学者ジャック・ラカン(1901〜1988年)の論文のなかにも見られる。彼は『ミノトール』誌の第1号で、「行動様式の問題および偏執狂的存在形式についての精神医学的見解」と題された文章を発表し、そのなかで、「欲望あるいはリビドー(性的衝動にもとづくエネルギー)をほかの対象に創造的に移すこと」について説明している。

また、ダリのエッセイが掲載された号の『ミノトール』誌には、さらに重要なガウディ論評が発表されている。すなわち、「近代芸術と快楽の原理」のなかで、フロリス・ウィットマンはこう断言している。

「ガウディの想像力は(略)、夢想家や未開人や子どもの思考と密接な関連性を持っている。その力強さのおおもとにあるのは、外界におけるリビドー(性的衝動にもとづくエネルギー)が満たされていないこと、そしてそのためにリビドーが内面に向かっている(想像上の対象に退行する)ことである」。

こうしたすべての要因を考慮した結果、ダリはガウディの建築を、菓子職人や砂糖菓子職人の技と結びつけるのがきわめて道理にかなっていると考えるようになった。菓子職人や砂糖菓子職人という例えは、ガウディの誹謗者たちが彼の建築に難癖をつけるためにしばしば引き合いに出したものでもある。しかしダリは、ガウディを称賛するためにその言葉をあえてもちいたのである。

「くりかえしになるが、ここでは明快で知的な類似性を問題にしている。なぜなら、(ガウディの建築と菓子職人や砂糖菓子職人の技の)類似性は、空想上の欲望のもととなる直接的で差し迫った欲求が、きわめて平凡で物質主義的であることを示しているからという理由だけでない。実際にはその事実そのものによって、この種の建物が、栄養があり食べられるという性格を持っていることがほのめかされているという理由

によるのである。この種の建物は、まさしく食べられる最初の建物であり、最初で唯一の官能的な建物だといえる。(略) ガウディはつねに動いているとらえどころのない自然の要素を「再」創造したが、その結果できあがったものは、たしかに見る者を夢想の世界へいざなうと同時に、その者がそれを食べたいという気持ちにさせる」。

そしてダリは、「アール・ヌーヴォー建築の恐ろしくも可食的な美について」と題された文章を次のように結論づけている。つまり、アンドレ・ブルトンが主張するように、「美しさとは、痙攣するかそうでないかである」。そして、「『対象のカニバリズム(食人)』を目指すシュールレアリスムの新しい世代は、次のような結論も支持している。すなわち、美しさとは食べられるかそうではないかである」。

ダリにとって、ガウディの建築はただたんにシュールレアリスムの前衛芸術と響きあうだけのものではなかった。それは「偏執狂的批判的方法」の道具であり、非常に見事な成果のひとつなのである。さらに、ダリが「自己懲罰の建築」と名づけた、当時の機能主義的な建築に挑んだ戦いにおける武器のひとつでもあった。

フランスの詩人トリスタン・ツァラ(1896〜1963年)も1933年に、『ミノトール』誌で同じような意見を表明している。「人目を引こうとするほど衛生的で装飾を排除した『近代建築』には、生き残るチャンスはまったくない。それは、つかのまの不健全さによってどうにか存続することができるだろう。その不健全さとは、ひとつの世代がなんだかわからない無意識の罪に対する懲罰を自分自身に課すことによって、自分たちはそれについて述べる権利があると思っているようなものである。(略) なぜなら、近代建築は、住むことそのものに対する否定だからなのだ」。彼はさらに、建築は子宮内に存在しなければならず、「物質的・感情的な快適さと満足感の問題」を解決したときにはじめて、そこにたどり着くことができると断言している(『ある嗜好のオートマティスムについて』)。

シュールレアリストたちは、誰よりもフランスの建築家ル・コルビュジエを嫌い、彼のことを「誰もが知っているように、自己懲罰の建築を発明した嗜虐的なプロテスタントの建築家」(サルバドール・ダリ『古い近代芸術のコキュ』1959年)と言った。『ミノトール』誌に発表されたダリの論文は、なによりもまず、「超近代」建築に好意的な雑誌『カイエ・ダール(美術手帖)』のなかではじまったガウディへの攻撃に対する反駁として書かれた。

その後長い年月がたって、ロベール・デシャルヌの著書のまえがきとして1968年に書いた文章のなかで、ダリはクロヴィス・プレヴォーが撮影した写真を見たとき、その質の高さに深い満足感を覚えたと言っている。そのなかでもとくにダリが高く評価した写真は、「アンチ・ル・コルビュジエという点で、プロテスタントのコルビュジエ

をこのうえなく不快にさせたであろうすべてのもの」に勝っているのだという。そのうえ彼は，意地の悪い喜びを抑えることができず，1929年にル・コルビュジエが発した言葉，すなわち，ガウディは「あきらかにバルセロナの町の恥である」，という言葉を蒸し返した。

ル・コルビュジエがそう言ったとき，ダリは断固とした口調で「建築の最後の偉大なる天才の名はガウディであり，ダリが『欲望』という意味であるのと同じように，カタルーニャ語でガウディとは『享受する』という意味である」と反論し，「享受と欲望は，ガウディによってふたたび見いだされ，絶頂に達した地中海式ゴシックとカトリック信仰に固有のものである」と論じた。

また彼は，ガウディ作品に関する別のアプローチもしている。それはサグラダ・ファミリア教会の最後の建築家としてガウディをとらえたもので，1927年にカタルーニャの哲学者フランセスク・プジョルス（1882〜1962年）が『ガウディの芸術的・宗教的ヴィジョン』というエッセイのなかで展開したばかりの主張をもとにしている。

こうしたガウディ建築に対するシュールレアリスム派の解釈は，なぜ近代建築史家たちが1950年代末になるまで，ガウディ建築を一般の建築史のなかに（とくにアール・ヌーヴォー史のなかに）位置づけることができなかったかということをあきらかにしている。ガウディの並外れた独創性をとりこむことは，おそらく彼らにとって非常に困難な作業だったにちがいない。それよりも，ガウディの独創性を闇に葬り，彼の建築を気の狂った夢想家の作品，あるいは建築史の異端に属するマイナーな芸術家の作品と思わせたままのほうが，はるかに楽だったのだろう。

フィリップ・ティエボー（2001年）

4 写真家クロヴィス・プレヴォーが見たガウディ

作家であり映画監督でもあるフランスの写真家クロヴィス・プレヴォーは、ガウディの建築をテーマにした作品で知られている。30年来、彼の写真は、セレ(フランス南部)、アミアン(フランス北西部)、ヴァランス(フランス南東部)、シャンボール(フランス中北部)、パリ、東京、大阪、京都、モントリオール(カナダ南部)などさまざまな場所で開かれた展覧会で、人びとの目に触れてきた。現在でも、それらの写真は「時代遅れ」であるどころかますます注目を浴びており、ガウディの世界を探求するうえで非常に役だっている。

1969年、スイス南西部の都市ローザンヌにあるエディタ社が、『幻視者ガウディ、ガウディの芸術的・宗教的ヴィジョン』と題する豪華本を出版した。その数年後には、カタルーニャ語、スペイン語、英語、日本語(邦題『ガウディ——芸術的・宗教的ヴィジョン』鹿島出版会)の翻訳書があいついで出され、1982年には原書も再版された。

事情通は、この本のタイトルを見て、すぐにある文章を思い浮かべるだろう。それは、カタルーニャの哲学者フランセスク・プジョルス(1882〜1962年)が1927年に公表したものである。その文章は、ガウディの死後すぐに書かれたもののひとつに数えられる。しかし『幻視者ガウディ』は、プジョルスの文章を剽窃したものではない。なぜならこの本の末尾には、プジョルスの文章をフランス語に翻訳したものが掲載されているからである。

この文章はこのときはじめてフランス語に翻訳されたが、その翻訳を手がけたのは『幻視者ガウディ』のまえがきも書いているスペイン生まれの画家サルバドール・ダリだった。

ロベール・デシャルヌとクロヴィス・プレヴォーの共著によるこの豪華本を開くと、見開きで掲載されたサグラダ・ファミリア(聖家族)教会やカサ・ミラの細部の見事な写真に、こんにちでもなお目を引きつけられる。これらの写真を撮ったのが、写真家のクロヴィス・プレヴォーである。しか

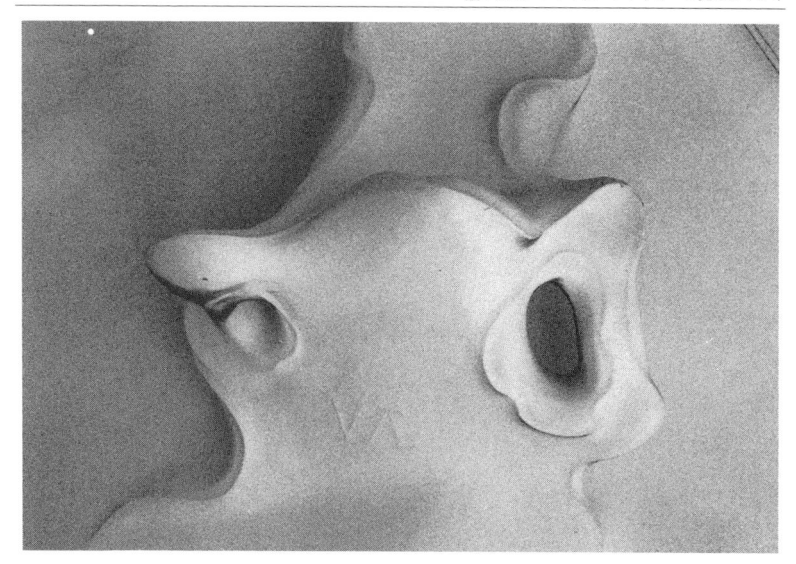

「天井は，アヴェ・マリアの文字が刻まれたおたまじゃくしを生み出している」（カサ・ミラ，1963年）。

し，それらはこの本の出版が決まる前に撮影されていた。だから，これらの写真は，テキストに「添える」写真として出版社が注文したものなどではない。1962年から1966年のあいだに，クロヴィス・プレヴォーが自発的に行なった仕事の成果なのである。

1962年，当時21歳だったクロヴィス・プレヴォーは，スペインを旅行中にガウディの作品と出合った。彼は2年前から，パリの国立美術学校のアトリエ・エルベ＝アルベール＝プルーヴェで建築を学ぶ学生だった。（略）奨学金を元手にライカのカメラを買ったクロヴィス・プレヴォーは，バルセロナにはじめて行ったときに写真を撮り，それを自分の手で美しく現像した。その写真が友人たちに好評だったので，彼は小さな写真集をつくって彼らに売り，次のカタルーニャ旅行の資金としたのである。

その後も旅行に行くたびに彼は写真を持ちかえり，それらを写真集にした。ある日，正確に言えば1967年4月4日火曜日，友人のひとりで美術学校の学生でもあったパコ・ラバンヌが，自分の持っていたクロヴィス・プレヴォーの写真集を画家のサルバドール・ダリに見せた。ダリはすぐに，ガウディに関するいまだかつてない立派な本をつくるために協力してほしいと，クロヴィス・プレヴォーに電話をした。

電話を受けたクロヴィス・プレヴォーは，はじめは友人の誰かが悪ふざけをしているのだと思った。しかしそうではなく，彼はすぐに（ダリがパリでの定宿にしていた）

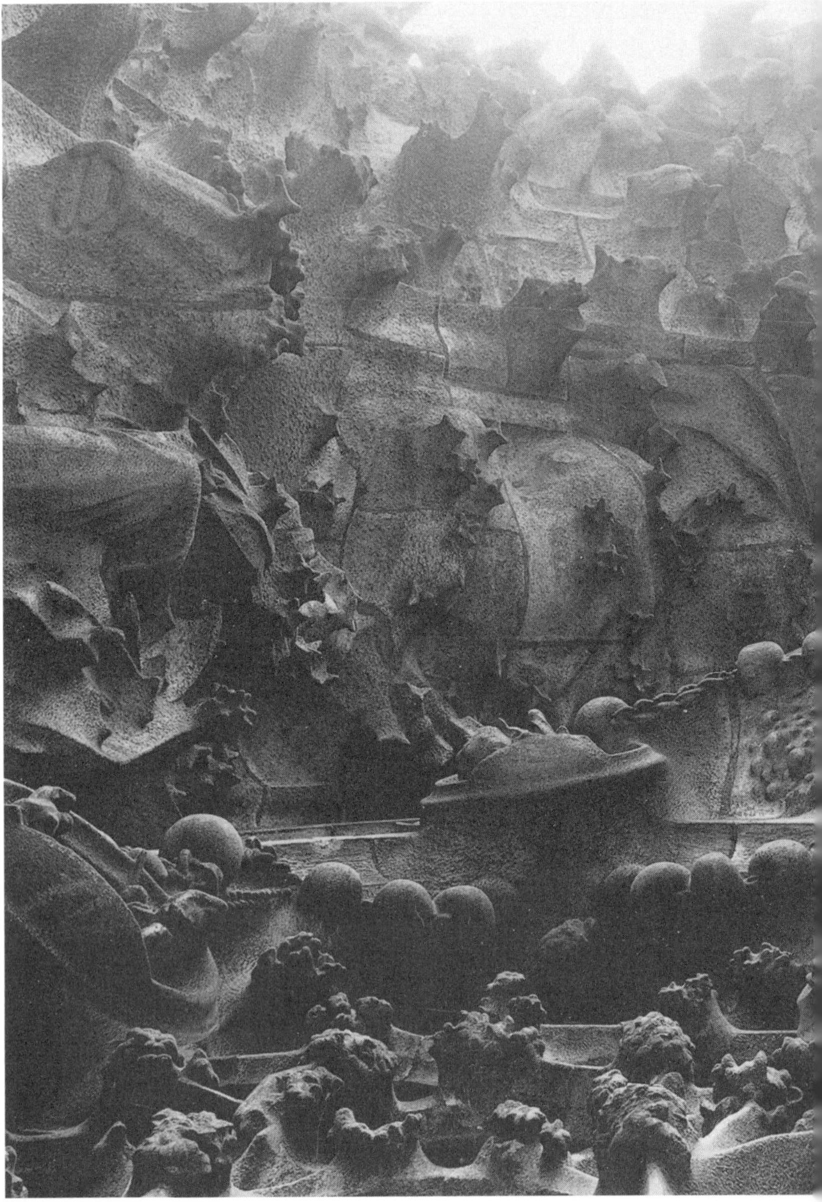

4 写真家クロヴィス・プレヴォーが見たガウディ

ムーリス・ホテルへ行くことになり、それから2年後、本が出版された。そのあいだ、クロヴィス・プレヴォーはクロード・ランファン=プレヴォーとともに図像学の研究をしたり、レイアウトをしたり、本文を執筆したりした。

ガウディの作品にはじめて出合ったときの感想について聞かれたとき、クロヴィス・プレヴォーは、「見る者を催眠状態にかけるような作品であることに驚愕した」と答えている。その力は、建物の外側を見たときだけではなく（当時のガウディ作品は、現在われわれが知っている色鮮やかな外観ではなかったのだが）、室内に入ったとき、さらによく感じることができたという。

たとえば、カサ・ミラの一部を改装した小さなペンションでの出来事を、彼はこう語っている。夜、路上のあかりに照らされて、錬鉄製のバルコニーの幻想的な影が、室内の天井の渦を巻く波形の装飾と混ざりあい、なんとも表現しがたい世界をつくりあげていた。この謎めいたものを研究し、分析するためには、写真を撮ることからはじめるのがもっともよい方法だと彼は考えたという。そして、それを映画のカット割りとして使うことも思いついたのである。

クロヴィス・プレヴォーは画商エメ・マ

(120・121頁)「『愛徳の門』に刻まれた、ベツレヘムの星の夜」（サグラダ・ファミリア教会、1963年）。

⇨サグラダ・ファミリア（聖家族）聖堂の構造を、別の角度から見たところ。

4 写真家クロヴィス・プレヴォーが見たガウディ

ーグが創設した美術館の映画部門の責任者を務めていた1970年に,実際に映画を制作している。彼は,ガウディの作品を一通り研究したことによって,自分が独学で作家,写真家,映画監督になったと明言している。しかし,真に「カタルーニャ精神」に触れることができたのは,ホアン・プラッツ,ホアン・ブロッサ,タピエスといったカタルーニャの芸術家たちとの出会いによるところが大きいと断言することも忘れてはいない。

　ガウディのヴィジョンについて,クロヴィス・プレヴォーは自分の考えを次のようにのべている。

「ガウディが手がけた全体芸術の作品は,空間のそれぞれの部分がひとまとめになり,混ざりあい,ほかの部分と反響しあう統合の場所である(略)。

　本質的にガウディの作品全体は,生命への欲求を演出し,実際にその欲求を生みだす幻想に貫かれている。

　なぜなら彼は,動かないものを動かし,物質に精神をあたえることに成功したからである。彼はまさしく,生命の建築家なのだ。

　これらの写真は,心のなかの夢想の風景,出会いの決定的な瞬間である。とらえられたそれぞれの形は,人びとの視線を引きつけ,想像力のすみかとなる。

　写真を撮ることは,感じとろうとすることである。変化を目に見えるようにし,外観を心に入りこませることである。ヴィジョンを激しさにすることである。

　2枚の写真を並べることは,それを見る人に,それぞれの写真に対する印象をあたえるのとは別に,なんらかの感覚をいだかせる。いろいろな写真を配置したり合成することは,それらの写真を関連づけたり,被写体のさまざまな様子に続けてアプローチすることを可能にする。同じ主題を違う角度から撮ったものは同時に,写真が1枚で独立していたり対になっているときには一定のリズムで,空間と時間をずらして何枚かの写真を見開きで関連づけるときは強弱のついたリズムでアプローチすることができるのである。

　ときには,1枚の写真が中央で引き裂かれ,見事に均斉のとれた左右対称の形にわかれている。このような工夫をするだけで,朝と夜の光と影がバランスよく配置される。それぞれの写真のなかに漂う黒は,空虚感や虚無感の色などではなく,そこから夢が生まれるエネルギッシュな色なのである」。

　　　　フィリップ・ティエボーによって
　　　　　　記録された証言(2001年)

5 熱烈な鑑定家, ペドロ・ウアルト

1938年にチリ中南部のコンセプシオンで生まれたペドロ・ウアルトは、ガウディ作品の重要な個人収集家のひとりとされている。彼は絵を描きながら法律の勉強をし、1962年にはチリを離れ、生活の拠点をヨーロッパに移した。1971年、彼は枠に張らない布に絵を描き、それを「揺れ動く壁画」と名づけ、街角や公園に展示した。

それらのひとつでパリのビエンナーレ（美術展）に出品された『1973年9月11日』と題された絵は、チリのクーデターとそれにともなう大統領サルバドール・アジェンデの暗殺を非難する作品である。1976年以降、ペドロ・ウアルトはカラーコピーやポラロイドカメラの研究をはじめた。また1977年からは、ヨーロッパやアメリカ合衆国で定期的に展覧会を開いている。

質問：どのような状況で、あなたはガウディの作品と出合ったのですか。

☆　　　☆

1965年の夏、私はベネズエラ人で私と同じように画家である友人と一緒に、スペインで休暇を過ごそうと決めました。私たちが最初に訪れた重要な都市は、バルセロナでした。ガウディの建築を前にして、私たちは即座に激しい感動にとらえられました。私は彼の作品についてもっと知ろうと決心し、できるだけ早くもう一度バルセロナへ来ようと誓ったのです。

調査を進めるにあたって非常に役だったのは、本でした。とくに、1928年に出版されたホセ・ラフォルスの著作を手に入れたので、ガウディのデザインした家具や工芸品を、そこではじめて見ることができたのです。この著作をはじめとする古い本は、

ペドロ・ウアルトと、ガウディふうの装飾品を頭にのせたサルバドール・ダリ。

コレクションを開始するにあたって，大きな助けとなりました。これらの本は，ホアン・アイナウド・デ・ラサルテ（1919〜1995年）がカタルーニャのアール・ヌーヴォーに関する研究をする際にも使われ，ガスパル・オマル，ホアン・ブスケス，リュイス・マスリエラなど，モデルニスモの芸術家たちのすぐれた作品を近代美術館に入れるために役だちました。

1964年の秋に開かれた『バルセロナ・モデルニスモの豪華な美術展』のカタログの序文で，彼はこう言っています。
「私は，写真がふんだんに使われたシリッシ・ペリセールの著作（1951年に出版された『カタルーニャのモデルニスモ芸術』を指す）をもとに調べを進め，まるで私立探偵にでもなった気分だった。この本には，図版が豊富に載っていた。学芸員たちとともに，私たちは，失われたり壊されたりしたものが予想以上に多いことを知った。

たとえば，ラ・ペドレラ（カサ・ミラ）の部屋を満たしていたはずの家具の大半がそうである。室内装飾を完全に変えたとき，その場に残っていたのはランペルト・エスカレルがデザインしたテラコッタの小品ふたつだけだった」。

しかし，この展覧会にはガウディの作品は出品されませんでした。1969年に首都マドリードで開かれた『スペインのモデルニスモ』展で，ようやくガウディが紹介されたのです。とくに，カサ・ミラにあった家具や錬鉄製の品々，そのほか彼の作品の写真が展示されました。

質問：ガウディの作品を発見した当時，どのような感情がわきましたか。

☆　　　☆

当時は，モデルニスモに対する反動として起きたノウセンティスモ運動を受けついだ，無関心とでもいう風潮がはびこってい

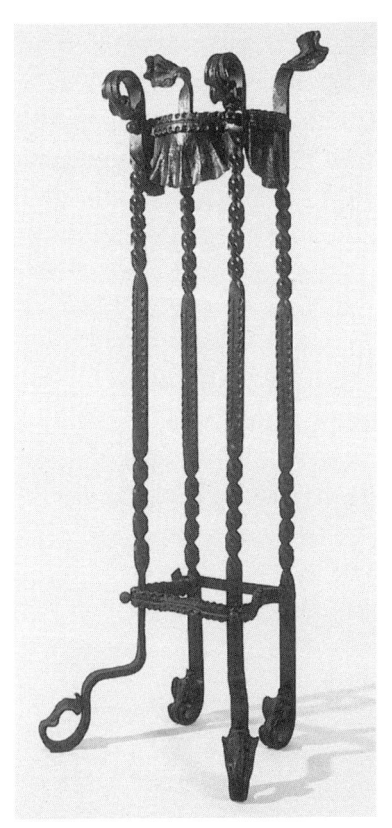

グエル邸にあった錬鉄製の花台（ペドロ・ウアルト・コレクション）。

た時代だったと言えるでしょう。エウヘニオ・ドルスをはじめとするノウセンティスモの信奉者たちは，ガウディの作品をけなし続け，彼の作品をすべて破壊すべきだとまで言ったのです。そのころの新聞や雑誌の記事も，同世代の人びと全体に悪影響をおよぼしました。ガウディの晩年に仕事をともにした弟子たちでさえ，その影響を受けたのです。事実，彼らの師に好意的な態度を示す人は，誰もいませんでした。ガウディは，文字どおり孤立していたのです。

画家のサルバドール・ダリは，まさしくカタルーニャの芸術家ではじめてガウディの芸術を賛美し，熱心に擁護した人物でした。ダリは，サグラダ・ファミリア教会の美しさに気づかせてくれたのは，詩人のフェデリーコ・ガルシーア・ロルカだと言っています。そして，「誕生の正面」を前にしたガルシーア・ロルカの言葉を，こう伝えています。

「私はざわざわと響く叫び声を聞いた。そのざわめきは，空に向かうにつれて甲高くなり，喧騒のなかで天使たちのトランペットと混ざりあい，私はほんの一瞬しかそれに耐えることができなかった」。

1956年，ガウディに関する授業をはじめて行なうことになった「ガウディ講座（カテドラ・ガウディ）」が，バルセロナ高等建築学校に創設されました。この講座は，ガウディに関する出版物を出し，たとえば1967年のガウディ展のように，展覧会も企画しています。1970代末になると，ガウディは国際的に有名になりました。しかし地元バルセロナでは，あいかわらず人びとの関心を引かなかったのです。バルセロナ市民は，ガウディのことを家族の一員のようにみなしてはいたものの，なかば狂人で，なかば天才だと考えていました。

彼がデザインした建物は秘密のヴェールにつつまれ，それを理解することは難しくなり，忘れ去られたようになりました。陶製タイルで飾られたグエル公園のベンチの上には，ほこりがたまっていました。唯一活気のある場所は，建設が続けられていたサグラダ・ファミリア教会だけだったといえるでしょう。

私が手に入れた家具や工芸品の多くは，ずいぶんと長いあいだ手入れがされていませんでした。そのため，とりかえしがつかなくならないように，修復しなければならないことがたびたびありました。たとえば，カサ・バトリョのプライベートな礼拝堂のドアや食堂にあったショーケース，カサ・ミラにあった家具や工芸品の大半などです。

質問：調査の途中で，ガウディと面識のあった人びとに出会いましたか。

☆　　　　☆

ガウディに設計を依頼した建築主たちの子孫と知りあう機会があり，たくさんの情報をもらいました。たとえば，バトリョの子孫は，次のような話をしてくれました。1936年の内戦時，バトリョ家の人間はみなバルセロナを離れ，イタリアに避難しまし

た。そのとき，カサ・バトリョの窓には丈夫なよろい戸がついていたのに，何者かが室内に侵入し，家具の一部を持ち去ったのだそうです。また，仮面の形をしたカサ・バトリョのバルコニーの手すりの内側は金色に塗られ，その上に外壁を飾る虹色の装飾と同じものがほどこされていたことも教えてくれました。

　グエル家の人からは，あるアメリカ人がグエル邸（パラシオ・グエル）を購入し，それをバラバラに解体してアメリカへ運ぼうとしたという話を聞きました。グエル伯爵の娘メルセーデス夫人は，グエル邸を現状維持するという条件でバルセロナ県議会に寄贈するほうを望んだということですが，グエル邸にあった家具類は，相続人たちのあいだで分配されました。

　話をしてくれたグエル家の人物は，グエル邸の食堂にあったコルドバ革でできた衝立と大サロンにあった金飾りのついたどっしりとしたマホガニーの大きな肘掛椅子を2脚見せながら，この2脚の肘掛椅子は，

タラゴーナ州（カタルーニャ地方南部）のモンフェリの高台にホセ・マリア・ジュジョールが計画した，聖母マリアに捧げられたモンセラート教会の設計図（1928年）。この教会の建設は，1930年に中断された。

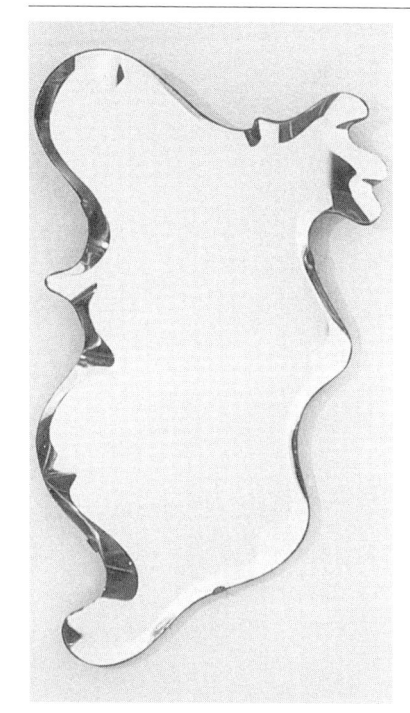

上は，ガウディがデザインした鏡。次頁は，金色に塗られた木製の掛時計。両方とも，カサ・ミラにあったもの（ペドロ・ウアルト・コレクション）。

その上で子どもたちが飛びはねて革が傷んだので，父親がその革をはずさせたと教えてくれました。

　それら一式を私が買ったとき，彼は私に，1910年にパリで開かれた展覧会にガウディを派遣する際に一緒に持っていくようグエル伯爵が注文したグエル邸の版画セットと，肘掛椅子のコルドバ革の修復に関する出版物をくれました。ほかには，カルベットのひまご娘にも会いました。彼女の家で，私は彫刻家ホセ・リモーナの絵画とホアン・ブスケスの金色に塗られた木製家具を見せてもらいました。また，彼女がふいにある部屋の扉を開けると，そこにはカサネリェスが1965年に出版した本のなかで触れている，ガウディのデザインによるルイ15世様式の食堂の家具があったのです。

質問：しばらく前から，美術史家たちのなかには，ガウディの弟子を務めていた若き建築家ジュジョールが，ガウディ作品において主導権を握っていたという考え方に賛同する人びとがいます。それについて，あなたはどう考えていますか。

　　　　　☆　　　　☆

　たしかに大勢の研究者たちが，ガウディとジュジョールの関係についての論争に火をつけ，その論争はいまなお続いています。私に言わせれば，新聞や雑誌の記事，本，カタログなど，新しい出版物ではみなガウディ作品におけるジュジョールの役割を過大評価しています。私はジュジョールの建築は，ガウディの建築のような超越性も包容力もないと思っています。

　たとえば，ガウディが1904年から1906年にかけて改装したカサ・バトリョの正面を飾る陶製タイルや鋳鉄製のバルコニーはジュジョールの作品だと主張する人びとがいます。しかし，私はその説を疑わしく思います。なぜなら，ジュジョールが建築家の資格を取得したのは1906年のことで，ガウ

ディが彼を助手にしたのはその年の暮れのことだったからです。そのとき，ガウディは54歳，ジュジョールは27歳でした。まだ学生だったジュジョールが独断で，カサ・バトリョの正面を調和のとれた色彩で飾ることを決めたとは考えられません。

　忘れてはならないのは，ガウディははじめの大きな仕事から，つまりカサ・バトリョの仕事が完成する20年前のグエル邸（パラシオ・グエル）の設計から，それまで誰も見たことがない色使いを建物の装飾に利用していたということです。グエル邸では，メインフロアが抽象的なステンドグラスで飾られ，煙突や換気塔は破砕タイルでおおわれました。このような色使いは，グエル公園，カサ・バトリョ，カサ・ミラ，サグラダ・ファミリア（聖家族）聖堂，コロニア・グエル教会堂でも見られます。

　さらに，ラモン・デデウという名の石工の証言があります。彼は，カサ・バトリョの正面の装飾をガウディただひとりの指示のもとでどのように行なったか，ということについて語っています。カサ・ミラに関しても，天井の設計はジュジョールが行なったと主張する人びとがいます。ところがデデウは，ガウディが空に浮かぶ雲のような起伏を天井につくるために金網をどのように利用したか，ということについても語っているのです。

　さらにミラ夫妻の住居部分についても，次のような驚きの声をあげています。「どのように説明すればよいのかわからないが，家具や装飾品のすべてに，先生の特徴が見られた」。

　ジュジョールが制作した家具について，私はひとつのことを指摘しておきたいと思います。1911年にマナクという店の装飾を依頼されたとき，ジュジョールはカウンター，いくつかの収納家具，客用の椅子をつくりました。私はそれらを数年前に調査し

たので，よく知っています。椅子は木と錬鉄でできており，3本の脚が安定性のある溶接した輪で固定されていました。

　ジュジョールの記録のなかにあった当時の写真には，それらの椅子が写っていますが，輪はありません。だから，この8の字形の輪は，板とねじでとめられた前部の脚が使っているうちに壊れたため，ジュジョールがあとからつけ加えたものなのです。この具体的な例から，ジュジョールは家具の制作が苦手だったことがわかります。そのうえ，この椅子は非常に座り心地が悪いのです。

　家具制作の分野であきらかなように，ガウディははじめから快適さと丈夫さをなによりも重視して作品をつくっていたように思われます。そのことを，私たちはすっかり忘れているのです。また，「ガウディ友の会」の第1秘書だったエンリケ・カサネリェスが，『ガウディの新しいヴィジョン』(1965年)（邦題『アントニオ・ガウディ——その新しいヴィジョン』相模書房）のなかで次のように言っていることを思い起こすべきだと思います。

　「ガウディの監視下におけるジュジョールの色彩には，彼ひとりで手がけた作品に見られるような弱さがまったくなかった」。

質問：ガウディは，20世紀の芸術に影響をあたえたと思いますか。

☆　　　　☆

　1958年12月，雑誌『ロス・パペレス・デ・ソン・アルマダンス』は，ガウディをたたえて彼の特集を組みました。その号の表紙は画家ミロの石版画で，大勢の著名人たち（エンリケ・カサネリェス，アソリン，ベンハミン・パレンシア，ラモン・ゴメス・デ・ラ・セルナ，エドゥアルド・ウェステルダル，アントニー・ケリガン，C.L.ポポビシ，フェルナンド・チュエカ・ゴイチア）が寄稿しています。

　そのなかには，トリノ（イタリア北部）の画家であり建築家でもあるアルベルト・サルトリスの「ガウディの多形式主義」という文章も掲載されましたが，その文章は次のような言葉で終わっています。

　「世界じゅうで，人びとはピカソについて語りつくしたが，ガウディについてはまだじゅうぶん語っていない」。

　忘れてはならないことですが，画家のピカソはバルセロナに住んでいたとき，グエル邸（パラシオ・グエル）の向かいにアトリエを構えていました。彼はまずまちがいなく，グエル邸の立体的なステンドグラスや抽象的なタイル張りを見ていたはずです。

　また画家のミロは，ガウディの作品をつねに称賛していました。若いころ，彼はバルセロナの南方に位置するマリョルカ島でガウディが行なったパルマ・デ・マリョルカ大聖堂の修復作業を見ることができました。のちに彼は，さらに多くのガウディ作品を見て，そのなかでもとくに，グエル公園を高く評価しています。それに，グエル公園の破砕タイルでおおわれた有名なベン

チは，すでにミロの作風を先どりしたものと言ってもよいのではないでしょうか。

ミロと同様にバルセロナ出身の彫刻家フリオ・ゴンサレスとパブロ・ガルガリョは，ガウディが自分の作品で使ったのと同じような方法で錬鉄を使っています。フランスの前衛美術家ニキ・ド・サン＝ファールについて言えば，彼女はガウディを師とあがめていました。1980年に，彼女はイタリア中部のトスカナ地方で，22の巨大な彫刻からなる「タロット・ガーデン」をつくりましたが，この作品は文字どおりグエル公園に捧げられたものです。

私は1975年にニューヨークのワシントン・

スクエアで，ベトナム戦争を批判する『戦争の歴史』と題した「揺れ動く壁画」展を開きました。そのとき私はいあわせた芸術家のひとりと親しくなり，ガウディについていろいろな話をしました。彼は，とくに破砕タイルに興味を示していました。のちに彼は，巨大なカンバスに皿の破片を張りつけた作品をつくるようになり，その作品で有名になりました。彼の名は，ジュリアン・シュナーベル（アメリカの新表現主義の代表的な画家）です。

フィリップ・ティエボーとの対談（2001年）

ガウディ略年譜

年	事項・作品
1852	銅板機具の職人である父フランシスコ・ガウディ，母アントニア・コルネットの5人兄弟の末っ子として，タラゴーナ県レウス市に生まれる。
1868	バルセロナに移り住み，建築学校への進学を目的としてバルセロナ大学科学学部予科へ入学。
1873	スペイン第一次共和制が始まる。バルセロナ建築学校（今日のカタルーニャ工科大学建築学部）へ入学。
1874	スペイン王政が復活する。建築家L．セラリャック，ビリャール・ロサーノ，ホセ・フォントセレーらのもとでアルバイト生活。助手として関与した作品：フォントセレー作，シウダデーラ公園（～1881年）。
1878	建築学校卒業。パリ万博に展示された革手袋店のショーケースのデザインが，後のスポンサー，エウセビオ・グエルに認められる。作品：レアール広場街灯（～1879年），マタロ労働組合社（～1885年）。
1880	建築家ホアン・マルトレールのもと，助手を務め始める。
1882	サグラダ・ファミリア聖堂起工式。
1883	サグラダ・ファミリア聖堂の2代目建築家に就任。作品：マタロ労働組合社（～1885年），カサ・ビセンス（～1885年），エル・カプリッチョ（～1885年）。
1884	経済的に独立できる状態になり，また，恋愛感情を持ったペペータにマタロ労働組合の社旗を刺繍させている。作品：グエル別邸（～1887年）。
1885	サグラダ・ファミリア聖堂の建築家としてガウディの名が新聞紙上で公表される。グエル別邸のドラゴンの鉄扉が新聞記事で絶賛される。
1886	作品：グエル邸（～1890年）。
1887	バルセロナ市長に市庁舎議会ホール改造計画を依頼される（実現せず）。
1888	バルセロナ万国博覧会。作品：サンタ・テレサ学院（～1890年）。大西洋横断社展示館改造（現存せず）。

1890	グエル邸，サンタ・テレサ学院が新聞，週刊誌で掲載され，ガウディの名声の第一歩が始まる。作品：コローニア・グエル（1890年創設）。
1891	作品：ボティーネス館設計（建設は1892年）。
1894	日清戦争が始まる。
1898	作品：カサ・カルベット（～1900年），コローニア・グエル教会堂（～1914年未完）。
1900	カサ・カルベットがバルセロナ市第1回年間建築賞に輝く。作品：ベリェスグアルド（～1905年），グエル公園（～1914年）。
1903	サグラダ・ファミリア聖堂第2期建設中断危機（～1906年）。国外でガウディの評価が高まり始まる。バルセロナでは名声が確立。
1904	日露戦争が始まる。作品：カサ・バトリョ（～1906年）。
1906	作品：カサ・ミラ（～1910年）
1908	ニューヨークのホテル計画（実現せず）。作品：サグラダ・ファミリア聖堂附属仮設学校（～1909年）。
1909	バルセロナでゼネスト(悲劇の1週間)。政府が戒厳令をしき，鎮圧。
1910	栄養失調と過労のためビック（バルセロナ県）で静養。パリにてガウディ展開催。
1911	マルタ熱病のためプッチセルダー（ヘロナ県）で療養。
1912	サグラダ・ファミリア聖堂第3期建設中断危機（～1917年）。
1914	第一次世界大戦が始まる。ガウディは他の作品のすべてから手を引き，サグラダ・ファミリア聖堂だけに専念することを宣言。献金集めに奔走する。
1917	ロシア革命。
1918	ガウディのスポンサー，エウセビオ・グエルが他界。
1922	バルセロナでスペイン建築家会議が開催され，ガウディの功労を讃える宣言が採決される。
1924	警察官の質問に公用語のスペイン語で答えず，カタルーニャ語で返答し続けたため，警察署内に4時間拘留される。
1926	路面電車にはねられ，死去。73歳。

INDEX

太字はまとまった解説と図版のあるページを示しています

あ

アール・ヌーヴォー
108・110〜112・114〜117・126
赤レンガ　22・34
アストルガ司教館
45・48・50・51
『アトランティス』
→ベルダゲール
アルハンブラ宮殿　30
アンドレス　50
イオニア式　55
イスラム建築（美術）
29・30・32・33・35・48
ヴァーグナー　79・108・109
ウアルト, ペドロ　125・126
ヴィオレ=ル=デュク
26・27・35・46〜48・52
「栄光の正面」　88
エシャンプラ（拡張地区）
18・19・27・84
エル・カプリッチョ　32・34
エンリケ・デ・オソー司教
48・85
オートマティスム　113・116
オピッソ, リカルド　88・89
オリェル　19

か

ガウディの弟子
24・26・30・57・70・89
凱旋門　14・15・20・22・23
カサ・アマトリェル　71
カサ・カルベット
53〜55・57・60・61・73・103
カサ・カルベットの事務所

の家具　57
カサ・バトリョ
62・63・69・70〜73・75・76・102・111・127〜130
カサ・バトリョ家の家具 75
カサ・ビセンス
29・32・33・34・37・39・103
カサ・ミラ
42・54・72・73・75・77〜81・98・103・105・108
111・113・118・119・122・126
127・129・130
カスティリャ語　19
カダファルク, ホセ・プッチ・イ　70
カタルーニャ音楽堂　21
カタルーニャ建築協会　65
カタルーニャ語　20・117
カタルーニャ主義　29・52
カタルーニャ広場　18・23
カタルーニャ・ルネサンス（文芸復興運動）　20
カフェ・トリノ　31
カフェ・レストラン　21・22
カルベット, ペドロ　53
カルレス　78
キオスク　22
『奇跡の都市』　19
キノコ　40・54
キハーノ, マキシモ・ディアス・デ　32
『金銭狂』　19
キンターナ, フランシスコ　97
グエル, エウセビオ
32・34・37・40・42・43・50・64・67・96
グエル公園　40・63〜69・75・103・108

110・111・127・130〜132
グエル邸（パラシオ・グエル）
20・40・41〜43・45〜50・55・59・73・126・128〜131
グエル別邸（フィンカ・グエル）
28・29・32・33・34〜38・49・102
グエル, ホアン　34
グラウ神父　50
グラシア通り
18・19・23・103・106
クレマンソー　78
『建築講話』　47
ゴシック建築（様式）
36・45・52・83・86・87
古典主義（建築）
45・47・71・73
コミーリャス　32
コローニア・グエル（工業コロニー）　96
コローニア・グエル教会
86・96・97・98・99・102・130

さ

サグラダ・ファミリア教会（聖家族教会）
15・27・36・81・82・83・84・85・86・87・89・94〜97・98〜100
103・104・105〜108・114・117・118・120〜123・127
サグラダ・ファミリア教会建設委員会　95
産業館　19
サン=セルナン大聖堂
26・27・46
サンタ・テレサ学院

44・45・47〜49・50・85・102
サンタ・テレサ修道会　48
サント=マリ・ド・ブルトゥイユ大修道院　48
サン・パウ病院　21
サン・フェルナンド美術アカデミー　31
サン・ホセ協会　84
シウダデーラ公園
23〜25・103
『11〜16世のフランス建築辞典』
→ヴィオレ=ル=デュク
ジュジョール, ホセ・マリア　79・81・129〜131
シュトラウス, ヨハン
108・109
「受難の正面」　88・89
植民地貿易　17
ジロッシ, エンリケ　22
スグラーニェス, ドメネック　89・97
ストラヴィンスキー
108・109
スペイン館　30
「聖なる山」　96
セザンヌ　108・109
セヒモン, ロサリオ　73
セメント
セリェス, サルバドール　65・67
セルダ, イルデフォンソ　17〜19
『前進』　20
『総合建築に到達する難しさ』　→ルビオー, ホアン

た

INDEX

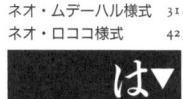

多柱室　67・68
タラゴナ　67
ダリ, サルバドール
70・110・**111**～**113**・**114**
～116・118・119・**125**・127
「誕生の正面」
83・88・**89**・94・95・114・127
中世ゴシック様式　42
彫像の型　**89**
ティエボー, フィリップ
117・124・133
テラコッタ　34
陶タイル　42
動物博物館　21・22
トーラス, ホセ　25
ドーリア式　67
トリビューン（楼台）
46・47・54・61

な▼

ニューヨークのホテルの設計　96・98
人間工学　57・59
人間工学にもとづいて制作された家具　59
ネオ・ゴシック様式
20・42・45・50・51・53・84～86
ネオ・ムデーハル様式　31
ネオ・ロココ様式　42

は▼

破砕タイル
23・34・68・69・99・130～132
バセゴダ, ファン　79
バトリョ, ホセ　70
パトロン　40
パラーディオ　47

バラウ広場　23
パラボラ・アーチ（放物線アーチ）
35・36・48～50・85・87・97～99
バルセロナ
15・17～25・31・40・50・52・64・68・69・71・78・79・81・84・102・104～107・109・117・127・131
バルセロナ拡張計画　**17**
バルセロナ建築学校
20・24・25・30・52
バルセロナ司教　**84**・95
バルセロナ市建築年間賞55
バルセロナ大聖堂　26・27
バロック様式　61
万国博覧会
　ウィーン万国博覧会　31
　パリ万国博覧会　30・31
　バルセロナ万国博覧界
15・16・18～22・24
ピカソ　108・109・131
パントロピア（全体理論）107
ビセンス, マヌエル　32
ビダル　20
ピラセカ, ホセ
15・20・22・23
ピリャール　25・84～86
ファルケス, ペレ　23
フェルナンデス　50
フォントセレー, ホセ
22～25
『フランス建築辞典』
46・48
フランス合理主義26・45・51
プレヴォー, クロヴィス
118・119・122

ベリェスグアルド
52・**53**・**54**・102
ベルダゲール　37
ベルゴス　24・57・70・86
ベレンゲール, フランシスコ　96・98
ボアダ　24
ホアン　89
ボカベーリャ, ホセ・マリア　**84**・95・96
ポティーネス館　50・51
ポネット　96・97
ポフィール, リカルド　96
ボルン広場　25

ま▼

マタマラ, ロレンソ　89・98
マドリード　19
マニ, カルロス　79
マラガール　54
マリア・サゲス夫人　24
マルチネル　24
マルティン1世　52
マルトレール, ホアン
27・32・34・84
『ミノトール』
110・111・115・116
ミラ, ペドロ　73
ムデーハル様式　30～32・48
メンドサ, エドゥアルド　19
モデルニスモ21・23・27・126
モンタネール, ドメネク・イ
21・22

や▼

ユネスコ世界遺産　64

ら▼

ラゴネシ枢機卿　**84**
『ラ・バングアルディア』紙　43
ランブラス通り　40
リオス, アマドル・デ・ロス　31
陸橋　**64**～**67**
ル・コルビュジエ
106・107・116
ルビオー, ホアン　69・85
レアール広場の街灯
22・**23**・103
レオン大聖堂　**52**
レコンキスタ（国土回復運動）　30
レナシェンサ　20・21
ロカイユ様式　59
ロココ様式　42・59
ロジェント, エリアス
25・26・52
ロペス, アントニオ　32・34

出典（図版）

【表紙】
表紙●カサ・バトリョの屋根
背表紙●グエル別邸入口にある「竜の門」 写真 クロヴィス・プレヴォー撮影
裏表紙●バトリョ家の住居の食堂

【口絵】
5●サグラダ・ファミリア聖堂（部分） 写真 クロヴィス・プレヴォー撮影
6/7●グエル公園 破砕タイル 写真 クロヴィス・プレヴォー撮影
8/9●カサ・ミラの煙突
10/11●ベリェスグアルドステンドグラス（部分）
13●カサ・ビセンス（部分） 写真 クロヴィス・プレヴォー撮影

【第1章】
14●1888年のバルセロナ万国博覧会の会場入口となった凱旋門 ホセ・ビラセカ作
15●1878年頃のガウディ
16●1888年のバルセロナ港
17●1859年にセルダが作成したバルセロナ拡張計画 フランス国立図書館 パリ
18●バルセロナに建設中のグラシア通り 1873年
18/19●1888年の万国博覧会における産業館 ホセ・フォントセレー・イ・メストレス作
20●ホセ・ビラセカ作の凱旋門
21●「3匹の竜の館」ドメネク・イ・モンタネール作 1888年のバルセロナ万国博覧会のために建てられたもの
22●キオスク・公衆便所計画 ガウディのデッサン 個人蔵
23●ガウディがデザインしたレアール広場の街灯 バルセロナ
24/25●シウダデーラ公園の噴水 バルセロナ ホセ・フォントセレー・イ・メストレス作
26上●コンペのために設計されたバルセロナ大聖堂の正面案 ガウディのデッサン 1882年 建築家協会資料室 バルセロナ
26下●ウジェーヌ・ヴィオレ＝ル＝デュクによって修復されたサン＝セルナン大聖堂の後陣 トゥールーズ デッサン CRMH パリ
27●サグラダ・ファミリア聖堂の地下礼拝堂の建築状況 1883年

【第2章】
28●グエル別邸 写真 クロヴィス・プレヴォー撮影
29●カサ・ビセンスの正面（部分）
30●1878年に開かれたパリ万国博覧会におけるスペイン館
31●カフェ・トリノ バルセロナ 1902年以降
32上●エル・カプリッチョ コミーリャス
32下●カサ・ビセンス
33●カサ・ビセンスのバルコニー
34/35●グエル別邸 写真 クロヴィス・プレヴォー撮影
35上●1916年頃のガウディ
36●グエル別邸の厩舎
37●グエル別邸の欄干（部分）
38●グエル別邸入口にある「竜の門」 写真 クロヴィス・プレヴォー撮影
39上●カサ・ビセンスの2階の窓にある錬鉄の格子 写真 クロヴィス・プレヴォー撮影
39下●カサ・ビセンスの鉄柵 写真 クロヴィス・プレヴォー撮影
40●エウセビオ・グエルの風刺画
41●グエル邸のホール
42●グエル邸の玄関（部分）
42/43●グエル邸の屋上

【第3章】
44●サンタ・テレサ学院の正面（部分）
45●アストルガ司教館の玄関ホールの柱頭
46上●ウジェーヌ・ヴィオレ＝ル＝デュク『フランス

出典（図版）

建築辞典』の扉 1854年〜1868年
46下●ウジェーヌ・ヴィオレ＝ル＝デュクの肖像 版画
46/47●サンタ・テレサ学院
48●サンタ・テレサ学院内部のパラボラ・アーチ
49●サンタ・テレサ学院の門
50●ボティーネス館
51●アストルガ司教館
52●レオン大聖堂のアーチ形天井
53●ベリェスグアルド全景
54●ベリェスグアルドの入口ホール
55●カサ・カルベットの正面
56/57●カサ・カルベットの事務所のためにガウディがデザインした家具類
58●グエル邸のためにガウディがデザインした肱掛椅子 キキ＆ペドロ・ウアルト・コレクション パリ
59上●カサ・カルベットの鏡（部分） 1903年頃にガウディがデザインしたもの キキ＆ペドロ・ウアルト・コレクション パリ
59下●グエル邸のためにガウディがデザインした鏡台
60●カサ・カルベットの玄関ホール
61●カサ・カルベット正面のトリビューン

【第4章】

62●カサ・バトリョの屋根
63●グエル公園の市場天井の円形装飾モチーフ
64上●グエル公園の3つの陸橋
64下●グエル公園の女像柱 写真 クロヴィス・プレヴォー撮影
65●グエル公園の陸橋 写真 クロヴィス・プレヴォー撮影
66●グエル公園の市場の多柱室
66/67●グエル公園の陸橋上層部分にある回廊 写真 クロヴィス・プレヴォー撮影
67下●グエル公園の市場に立つエウセビオ・グエル 1915年
68●グエル公園の入口にある泉水 写真 クロヴィス・プレヴォー撮影
68/69●グエル公園のテラスのベンチ
70上●カサ・バトリョの屋根の棟（部分） 写真 クロヴィス・プレヴォー撮影
70下●カサ・バトリョ全景（左に建っている建物はカサ・アマトリェル）
71●カサ・バトリョの正面 2階部分 写真 クロヴィス・プレヴォー撮影
72●バトリョ家の住居の入口ホール
73●バトリョ家の住居の食堂
74●バトリョ家の住居の食堂 1906年
75●カサ・バトリョのためにガウディがデザインしたショーケース キキ＆ペドロ・ウアルト・コレクション パリ
76上●カサ・バトリョの内部 1927年の写真
76下●カサ・ミラの内部 1926年以降
77上●カサ・バトリョの肱掛椅子と椅子 キキ＆ペドロ・ウアルト・コレクション パリ
77下●カサ・ミラの大きな衝立 1909年頃にデザインされたもの キキ＆ペドロ・ウアルト・コレクション パリ
78上●カサ・ミラの頂上に聖母マリア像を置こうとするガウディ 風刺画 1910年
78下●カサ・ミラの正面 ホアン・マタマラのデッサン
79●カサ・ミラの正面
80上●空中から見たカサ・ミラ
80下●カサ・ミラの中庭の玄関ホール 写真 クロヴィス・プレヴォー撮影
81●カサ・ミラの屋上にある煙突と換気塔 写真 クロヴィス・プレヴォー撮影

【第5章】

82●サグラダ・ファミリア聖堂の誕生の正面 1960年

出典（図版）

頃 写真 クロヴィス・ブレヴォー撮影
83●サグラダ・ファミリア聖堂の模型
84右上●ホセ・マリア・ボカベーリャ 油彩
84左●サグラダ・ファミリア聖堂の建設現場に立つガウディ、ラゴネシ枢機卿、バルセロナ司教 1915年 サグラダ・ファミリア聖堂資料室 バルセロナ
85●サグラダ・ファミリア聖堂の平面図 1917年
86左●コローニア・グエル教会堂のアーチ形天井の模型
86右●コローニア・グエル教会堂の模型の写真上に描かれたガウディの水彩画
87●サグラダ・ファミリア聖堂の昔の模型
88●サグラダ・ファミリア聖堂の受難の正面 ガウディのデッサン
88/89●建設中のサグラダ・ファミリア聖堂の誕生の正面 1906年
90/91●サグラダ・ファミリア聖堂内につくられたガウディの事務所
92/93●ガウディの事務所内にある彫像の型の保管庫
94●サグラダ・ファミリア聖堂の誕生の正面を飾るお告げの天使たちのモデル
94/95●サグラダ・ファミリア聖堂の誕生の正面を飾るお告げの天使
95上●ガウディの風刺画 1926年
96/97●1920年代のサグラダ・ファミリア聖堂の建設風景
97下●1936年に火災で焼けたガウディの事務所 サグラダ・ファミリア聖堂資料室 バルセロナ
98上●コローニア・グエル教会堂 デッサン
98下●ニューヨークのホテル設計図
99●コローニア・グエル教会堂の地下礼拝堂の正面（部分） 写真 クロヴィス・ブレヴォー撮影
100●サグラダ・ファミリア聖堂の建設現場 写真 クロヴィス・ブレヴォー撮影

【資料篇】
101●ガウディの風刺画
105●サグラダ・ファミリア聖堂 フランシスコ・バリェスによるデッサン 1970年頃
107上●サグラダ・ファミリア聖堂付属学校
107下●サグラダ・ファミリア聖堂付属学校のアーチ形天井 ル・コルビュジエのクロッキー 1928年 ル・コルビュジエ財団 パリ
111●グエル公園の市場の天井のしたに立つサルバドール・ダリ
112●サルバドール・ダリの建築デザイン 1929年
113●カサ・ミラの屋上
114●クレーウス岬（上）とサグラダ・ファミリア聖堂の「地質的な装飾」の一部分とサルバドール・ダリを合成した写真 ロベール・デシャルヌ作
119●カサ・ミラの天井 写真 クロヴィス・ブレヴォー撮影 1963年
120/121●サグラダ・ファミリア聖堂の愛徳の門 写真 クロヴィス・ブレヴォー撮影 1963年
122/123●サグラダ・ファミリア聖堂の刻形（部分） 写真 クロヴィス・ブレヴォー撮影
125●サルバドール・ダリとペドロ・ウアルト
126●グエル邸にあった燭台 キキ&ペドロ・ウアルト・コレクション パリ
128●モンセラートの聖地 ジュジョールのデッサン
129●ガウディがデザインした鏡 キキ&ペドロ・ウアルト・コレクション
130●ガウディがデザインした掛時計 キキ&ペドロ・ウアルト・コレクション
132●グエル邸のサロン

参考文献

『アントニオ・ガウディ』　鳥居徳敏著　鹿島出版会（SD選書197）（1985年）

『ガウディの建築』　鳥居徳敏著　鹿島出版会（1987年）

『ガウディ建築入門』　赤地経夫／田澤耕[他]著　新潮社（とんぼの本）（1992年）

『ガウディの作品――芸術と建築』　ファン・バセゴーダ・ノネール／フランソワ・ルネ・ロラン著　石崎優子／入江正之訳　六耀社（1985年）

『ガウディの世界』　サビエル・グエル著　入江正之訳　彰国社（1988年）

『ガウディ』　J.バセゴダ著　岡村多佳夫訳　美術公論社（1992年）

『ガウディの生涯』　丹下敏明著　彰国社（1978年）

『ガウディの生涯――バルセロナに響く音』　北川圭子著　朝日新聞社（朝日文庫）（1993年）

『ガウディの七つの主張』　鳥居徳敏著　鹿島出版会（SDライブラリー7）（1990年）

『ガウディニスモ――ガウディのことば・形・世界』　松倉保夫著　九州大学出版会（1984年）

『ガウディ――芸術的・宗教的ヴィジョン』　R.デシャルヌ／C.プレヴォー著　池原義郎[他]訳　鹿島出版会（1993年）

『ガウディの言葉』　入江正之編訳　彰国社（1991年）

『建築の旅　ガウディ』　サビエル・グエル著　入江正之訳　彰国社（1992年）

『ガウディの設計態度』　松倉保夫著　相模書房（1978年）

『ガウディの建築実測図集』　田中裕也著　彰国社（1987年）

『アントニオ・ガウディ論』　入江正之著　早稲田大学出版部（1985年）

『アントニオ・ガウディ――その新しいヴィジョン』　エンリケ・カサネリェス著　入江正之訳　相模書房（1978年）

『ガウディを＜読む＞』　中山公男[他]著　現代企画室（叢書・知の分水嶺1980's）（1984年）

『建築家ガウディ――その歴史的世界と作品』　鳥居徳敏著　中央公論美術出版（2000年）

『バルセロナ――地中海都市の存在証明』　岸田省吾著　丸善株式会社（建築巡礼21）（1991年）

『バルセロナ——自由の風が吹く街』 岡村多佳夫著 講談社（講談社現代新書1067）（1991年）

『世界大百科事典』（CD-ROM版・書籍版） 平凡社（1988年）

『日本大百科全書』（電子ブック版） 小学館（1996年）

CRÉDITS PHOTOGRAPHIQUES

Archives Gallimard 46h. Ahrchivos del Templo de la Sagrade Familia, Barcelone 27,84, 97b. Photo Robert Descharnes Descharnes & Decgarnes/daliphoto. com112. DR 35,41,42 - 4355,59b,60,64,67b,70b,78h,80h,87,96 - 97,107h,127,129,131,132. Arnaud Février/Gallimard dos, 20,44,62,63,66b,68 - 69b. FMR/Listri 59h,77b,123. © Fondation Le Corbusier - Adagp, Paris 2001 107b. Instituto Amatller de Arte Hispanico/Arxiu Mas, Barelone 15,18,18 - 19,26 - 27, 28h,31,56h,56b,74,76h. Bernard Ladoux, Paris 57h,57b,58,75.Oronoz, Madrid 10 - 11,21,22,29, 32h,32b,33,36,37,42,45,46 - 47,48,50,51,52,53,54,61,73,83. Clovis Prévost, Paris 1er et 2e plats de couverture,5,6 - 7,13,28,34 - 35,38,39,40,49,64b,65,66 - 67,68h,70h,71,78b,80b,81,82,84h,86g,86d,87,88, 88 - 89,90 - 91,92 - 93,94,95h,95b,98h,98b,99,100,101,103,109,111,115,116 - 117,118 - 119,123. RMN, Paris 26b.Roger Viollet, Paris 14,16,30,46b. Pedro Uhart, Paris 8-9,23,72,79,120,121,124,125. © Salvador Dali-Adagp, Paris 2001 110.

[著者]フィリップ・ティエボー

アール・ヌーヴォーの専門家。オルセー美術館（パリ）の主任学芸員。「ガレ」展（パリ，リュクサンブール美術館，1985年），「ギマール」展（パリ，オルセー美術館，1992年）など，さまざまな展覧会の企画をしてきた。国内外の新聞や雑誌に，論文やエッセイを多数寄稿している。『ギマール』（ガリマール社）など，著書も多い。

[監修者]千足伸行（せんぞくのぶゆき）

1940年生まれ。東京大学文学部卒。ミュンヘン大学にてドイツ・ルネサンス美術を学ぶ。TBS，国立西洋美術館勤務を経て，現在広島県立美術館館長。著訳書に『ロマン主義芸術』（美術出版社），『クリムト』（朝日新聞社），『新・西洋美術史』（西村書店），『アール・ヌーヴォーとアール・デコ:甦る黄金時代』（小学館）など多数。

[訳者]遠藤ゆかり（えんどう）

1971年生まれ。上智大学文学部フランス文学科卒。訳書に『ナポレオンの生涯』『聖書入門』『ヒエログリフの謎をとく』『王妃マリー・アントワネット』『奇跡の少女ジャンヌ・ダルク』『ジプシーの謎』（本シリーズ84，93，97，100，102，106），『私のからだは世界一すばらしい』（東京書籍）などがある。

「知の再発見」双書107　**ガウディ**

2003年3月20日第1版第1刷発行
2023年7月30日第1版第7刷発行

著者	フィリップ・ティエボー
監修者	千足伸行
訳者	遠藤ゆかり
発行者	矢部敬一
発行所	株式会社 創元社 本　社❖大阪市中央区淡路町4-3-6　TEL(06)6231-9010(代) 　　　　　　　　　　　　　　　　FAX(06)6233-3111 URL❖https://www.sogensha.co.jp/ 東京支店❖東京都千代田区神田神保町1-2田辺ビルTEL(03)6811-0662(代)
造本装幀	戸田ツトム
印刷所	図書印刷株式会社

落丁・乱丁はお取替えいたします。

©2003 Printed in Japan ISBN978-4-422-21167-1

JCOPY〈出版者著作権管理機構 委託出版物〉
本書の無断複製は著作権法上での例外を除き禁じられています。複製される場合は，そのつど事前に，出版者著作権管理機構（電話 03-5244-5088，FAX 03-5244-5089，e-mail: info@jcopy.or.jp）の許諾を得てください。

●好評既刊●

B6変型判/カラー図版約200点
「知の再発見」双書 美術シリーズ25点

③ゴッホ
嘉門安雄〔監修〕

⑧ゴヤ
堀田善衞〔監修〕

⑬ゴーギャン
高階秀爾〔監修〕

㉛ピカソ
高階秀爾〔監修〕

㊼マティス
高階秀爾〔監修〕

㊺ルノワール
高階秀爾〔監修〕

㊿モネ
高階秀爾〔監修〕

⑰ギュスターヴ・モロー
隠岐由紀子〔監修〕

㊾レオナルド・ダ・ヴィンチ
高階秀爾〔監修〕

⑰シャガール
高階秀爾〔監修〕

⑨セザンヌ
高階秀爾〔監修〕

⑭ラファエル前派
高階秀爾〔監修〕

⑱レンブラント
高階秀爾〔監修〕

⑩ジョルジュ・ド・ラ・トゥール
高橋明也〔監修〕

そのほか
⑩**ガウディ**　千足伸行〔監修〕
⑮**ルーヴル美術館の歴史**　高階秀爾〔監修〕
⑱**ヴェルサイユ宮殿の歴史**　伊藤俊治〔監修〕
⑳**グラフィック・デザインの歴史**　柏木博〔監修〕
㉔**ロダン**　高階秀爾〔監修〕
㉕**カミーユ・クローデル**　湯原かの子〔監修〕
㉗**ル・コルビュジエ**　藤森照信〔監修〕
㉘**ターナー**　藤田治彦〔監修〕
㉚**ダリ**　伊藤俊治〔監修〕
⑫**色彩**　柏木博〔監修〕
⑬**ロートレック**　千足伸行〔監修〕